MES 10 COMMANDEMENTS

ISBN : 978-2-263-16972-4
Code éditeur : L16972
Dépôt légal : octobre 2020

Retrouvez-nous sur www.lisez.com

Solar, un département d'Édi8

KEVIN MAYER

MES 10 COMMANDEMENTS

Avec Nicolas Herbelot

SOLAR
EDITIONS

AVANT-PROPOS

Partage

Grand passionné de sport en général, je ne me proclame en aucun cas spécialiste de quoi que ce soit, si ce n'est de ma passion : le décathlon. Tout ce dont je vais vous parler dans ce livre est le fruit de l'expérience que j'ai pu acquérir en le pratiquant et qui m'a également permis de me construire en tant que sportif et homme. Ma carrière a été rythmée par des rencontres, des réflexions et des expériences. Je n'ai pratiquement rien appris tout seul, le savoir est un trésor qui se partage avec le temps et le nombre. Mon plus grand atout a peut-être été de rencontrer les bonnes personnes et de tirer le meilleur profit de leurs propres parcours.

Tout cela m'a mené jusqu'au record du monde du décathlon en 2018.

À mon tour maintenant d'apporter ma pierre à l'édifice, de partager. C'est l'idée qui m'a poussé à écrire ce livre. Sans prétention, bien sûr, ma carrière, mes choix, mes convictions ne constituent pas une science exacte. D'ailleurs, la remise en question étant mon fil conducteur, il se peut que certains points de vue que j'expose aujourd'hui soient contestés d'ici quelques années. Vous ne vous identifierez pas forcément non plus dans l'intégralité de mes mots. Mais si, ne serait-ce qu'un chapitre, un paragraphe ou même une phrase, peut vous aider à avancer dans votre quotidien, ou dans vos rêves si vous en avez, ce sera une immense satisfaction pour moi. Tout ce que je vous demande en retour, c'est de partager avec d'autres, qui partageront à leur tour, etc. C'est ainsi que nous évoluons, chacun transmettant une infime partie du savoir global.

Vous l'aurez compris, le décathlon m'a apporté énormément : des connaissances, de l'expérience, mais aussi des émotions collectives. Car les sensations exacerbées que le sport nous procure ne vaudraient sûrement pas d'être vécues si nous les vivions seuls. Entouré de ses proches et soutenu par le public, on savoure la victoire de manière exponentielle.

À l'inverse, les déceptions et le stress deviennent plus tolérables.

Mon plus grand souhait est maintenant de faire découvrir mon sport au plus grand nombre car j'en connais les richesses. La lecture de ce livre est un premier pas. Et peut-être aurez-vous envie d'en savoir plus, voire de vous y mettre...

À moi de vous convaincre !

Bonne lecture.

1

DU SPORT, TU FERAS

Je n'ai pas le souvenir que le sport ait été obligatoire à la maison. Mes parents nous ont toujours laissé notre liberté d'expression corporelle. Mais, mes frères et moi, nous avons toujours disposé d'au moins un petit jardin pour nous dépenser. On y faisait ce qu'on voulait, nos parents n'intervenaient pas, ils n'étaient pas surprotecteurs, ils nous regardaient de loin. Alors on en a fait beaucoup. Surtout avec Thomas, mon aîné de trois ans, à qui je voulais ressembler, que je voulais copier. Thibault, lui, de trois ans mon cadet, était plus casanier, plus intellectuel, plus artiste, très doué pour la musique et les jeux vidéo, où il a fait quelques compétitions officielles. Il bougeait donc un peu moins que nous mais il nous suivait néanmoins régulièrement dans nos aventures. J'imagine que nos relations ressemblaient à celles de beaucoup de fratries. Thomas me mettait à l'épreuve et j'aimais ça. Il me défiait sans arrêt, me demandait de grimper à la plus haute branche de l'arbre et, quand il voyait qu'elle ne cassait pas, il y montait aussi. Et je mettais en retour Thibault à l'épreuve, qui parfois s'en plaignait à ma mère. Bref, on se chamaillait mais rien de bien grave. Il n'y avait pas de fils préféré. On était trois frères, soudés comme des mousquetaires. On l'est toujours.

Le fait est que je me situais donc chronologiquement au beau milieu de la fratrie, comme on pourrait être au milieu d'un gué, et que ça n'était pas la position qui me semblait la plus confortable. Peut-être est-ce pour cela que j'ai été le plus pénible des trois. Mais il fallait que je fasse ma place. Ce qui est certain, c'est que beaucoup des choses que j'ai faites enfant et adolescent visaient à attirer l'attention et à me faire aimer. À commencer par le sport. Une rencontre tombée à pic mais évidente car j'avais une énorme énergie à dépenser.

La vérité est que je n'ai manqué de rien. La plus grande chance de ma vie est d'avoir grandi dans cette famille-là. Je ne pouvais évidemment pas le mesurer à l'époque, mais c'est un bien très précieux, peut-être même le plus précieux de tous, de vivre dans une famille où il y a de l'amour partout, à tous les étages. De l'amour entre mes parents, entre mes parents et nous et entre nous, les enfants. Je considère depuis toujours mes frères comme mes meilleurs amis et ce sont nos parents qui nous ont inculqué cette fraternité et ce qu'on pouvait en faire. Ma mère était suffisamment expansive pour nous le dire, nous dire que notre père nous aimait, qu'elle nous aimait. Toutes les émotions passaient par elle. Mais elles diffusaient et, sans se le dire, tous les autres, on arrivait à se le montrer.

Cela inclut évidemment notre grand demi-frère Sébastien. Sébastien est le premier fils de mon père. Il est assez nettement plus âgé que nous, seize ans plus vieux que moi. On n'a pas grandi ensemble mais il a toujours été un membre à part entière de la famille et c'était toujours une joie de le retrouver. Notamment pendant les vacances. D'une certaine façon, Sébastien a été mon modèle, ultrasportif, particulièrement impressionnant sur les skis où il a brillé, des compétitions de freeride – du ski un peu extrême, quoi. Il était donc assez casse-cou, plus que Thomas, et, en sa présence, je repoussais encore plus mes limites pour l'impressionner. Mais je crois que ce que j'aimais le plus chez lui, c'était son attitude générale, tellement cool...

Toute cette bienveillance familiale dans laquelle j'ai grandi ne m'a pas empêché, à un moment donné, de chercher ma place parmi les miens. Quitte à vouloir en prendre parfois trop, à être envahissant, voire à l'occasion pénible, comme Thomas et Thibault me le rappellent souvent. Je voulais par exemple tout faire comme Thomas : porter les mêmes vêtements, avoir les mêmes copains que lui, parce que tout ce qui le touchait me semblait trop bien. J'étais prêt à l'impressionner comme à l'embêter pour attirer son attention. S'ils décidaient de monter aux arbres avec ses potes pour cueillir des cerises, il fallait que je m'incruste et les devance pour leur en balancer à la tête. Logiquement, ça les saoulait, ils voulaient m'attraper et je grimpais sur la branche qui leur était inaccessible. Il y avait une forme de jalousie de ma part vis-à-vis de leur amitié. Je voulais que mon frère m'aime. Cette période m'est vite passée pour laisser place à une relation beaucoup plus saine, qui a d'ailleurs abouti à une relation professionnelle.

Thomas travaille pour moi depuis quelques années et il s'occupe de mes affaires, de mes partenaires. C'est venu tout naturellement du fait de notre proximité et cela nous a rapproché encore un peu plus.

Toute aussi heureuse qu'ait été mon enfance, on ne peut pas dire qu'elle fut un long fleuve tranquille sur lequel j'aurais glissé allongé sur le dos en regardant les étoiles. Et pourtant, j'adore regarder les étoiles. On peut même dire que je me suis pris d'une véritable passion pour l'astronomie. J'ai récemment retrouvé dans le garage de mes parents une vieille lunette d'astronomie qui appartenait à mon grand-père et avec laquelle je me suis bien occupé. J'ai toujours eu cette capacité à me concentrer pendant des heures sur des activités manuelles. Seul. Presque associable. C'est le sport qui m'a fait aller vers les autres. Enfant, je pouvais dessiner des heures entières, passer une journée sur une maquette, construire un truc énorme avec des Lego et le filmer plan par plan. Aujourd'hui encore, je ne peux pas me passer de ces moments-là. Comme le complément indispensable de mon activité physique. Car j'étais plutôt un enfant turbulent. J'ai fait des bêtises. Des bêtises d'adolescent.

Il est très probable que j'en aurais fait de plus grosses s'il n'y avait pas eu le sport. Comme j'ai toujours aimé tenter le diable, j'aurais sans doute pu déraper. Bref, je dois au sport d'avoir fait de moi l'homme que je suis. Il m'a non seulement permis de canaliser mon énergie mais je lui dois mon émancipation sociale. Et je ne suis d'ailleurs pas un cas isolé.

* * *

Je n'ai jamais été très adapté au rythme imposé par le système scolaire. En fait, je n'ai jamais compris que l'on puisse demander à un enfant de rester assis toute une journée, pendant sept ou huit heures, à un bureau d'écolier. Je l'ai parfois vécu au collège. C'était une souffrance. Et une hérésie, je le pense encore. Aujourd'hui, ça me rendrait à coup sûr complètement malade. J'entends par là physiquement malade. Car c'est tout simplement mauvais pour le corps. Or je ne sépare jamais le corps et l'esprit. On nous parle beaucoup de la chance que nous aurons d'accueillir les Jeux olympiques à Paris en 2024 et je suis le premier à m'en réjouir. Mais l'héritage que l'on voudrait que ces Jeux laissent, en rendant la France plus sportive, ça devrait d'abord être celui-là. Je ne comprends pas qu'on n'y réfléchisse pas plus alors que d'autres pays ont de meilleurs résultats scolaires avec moins d'heures de cours et plus d'activités.

C'est bien connu, la question du surpoids est notamment un enjeu planétaire. Elle est liée à une mauvaise nutrition et à l'inactivité. Selon les cardiologues, les collégiens français ont perdu 25 % de leurs capacités physiques en quarante ans. Ils courent le 600 mètres une minute plus lentement qu'au début des années 1970, soit quatre minutes au lieu de trois. Je trouve ça flippant. Comme on sait qu'on atteint normalement son maximum cardiorespiratoire à la sortie de l'adolescence, il est presque certain que cela aura un impact sur l'espérance de vie de ces jeunes générations. Les enfants d'aujourd'hui sont trop passifs, souvent cloués chez eux devant leurs écrans alors qu'ils passent déjà leurs journées cloîtrés à l'école. C'est pour ça que je veux me battre pour que les enfants soient moins assis et plus actifs. Car je sais qu'ils n'ont pas tous eu ma chance, qu'ils n'ont pas tous eu un jardin où se dépenser et que certains grandissent dans de petits appartements avec des parents qui ne les emmènent pas quotidiennement au parc, voire ne s'occupent pas d'eux.

Je vois le sport comme un facteur de développement social, de développement physique et de développement mental. On a beau se faire des amis à l'école, il y a par l'intermédiaire de l'expression corporelle quelque chose de plus fort. On se jauge entre soi, on apprend à se respecter, on apprend l'adversité entre amis, ce qui est compliqué pour ne pas les perdre. Cela développe les enfants plus vite. C'est d'ailleurs tout aussi vrai d'autres activités créatives comme la musique. Il y a bien sûr plein de choses à apprendre assis à un bureau : lire, écrire, compter... Mais l'activité pratique devrait avoir plus d'importance car rien ne vaut mieux que d'utiliser son cerveau en mouvement, avec ses mains. Je relie beaucoup l'intelligence aux gestes. J'ai appris énormément de choses, au-delà du sport, en comprenant mon corps. J'adorerais que mon enfant ait envie de construire une cabane, de lui donner les clés à chaque étape et qu'il fasse par lui-même en m'écoutant, en lisant et en se servant de son cerveau et de ses mains, des maths et de sa force. Le développement humain passe par le geste. Plus ce geste est intense, plus le cerveau enregistre.

Certains me diront : « Lâche-nous avec le sport ! Toi, tu aimes ça, mais pas nous ! » Je n'y crois pas. Si on remonte dans l'évolution de l'homme, nous nous sommes développés ainsi, comme des chasseurs-cueilleurs, contraints par leur instinct de survie à faire du sport. Courir, sauter et lancer pour échapper à des prédateurs ou pour se nourrir. Je suis persuadé que l'on a toujours dans notre ADN cet instinct et qu'il nous manque quelque chose si on ne bouge pas assez. Quelque chose qui nourrit notre cerveau, sans lequel il est moins développé. Je ne sais pas comment se crée ce développement mais je sais que tous ceux qui pratiquent le sport constatent qu'ils se sentent mieux après. Pas seulement physiquement, qu'ils se sentent aussi plus éclairés, plus sereins, plus attentifs à ce qui se passe dans le moment présent. L'inaction nous plonge et nous perd dans ce qui s'est passé avant et ce qui se passera après, les regrets, les soucis, les factures, le stress vis-à-vis de l'avenir… Au contraire, le sport sert à nous repositionner dans le temps et à vivre plus intensément l'instant présent.

Je suis un sport-addict. On pourrait dire drogué au sport puisque dépendant. Le jour où je ne me dépense pas, je suis mal dans mon corps.

Mais il faut faire du sport pour les bonnes raisons. Il faut voir le sport comme un jeu, pas comme une contrainte. Je l'ai vu personnellement avec la natation, que j'ai pratiquée pendant un an en club, quand j'étais collégien. J'enchaînais les longueurs, il n'y avait pas d'échanges. Je me sentais bien après, en sortant de l'eau, mais ça ne me rendait pas heureux. Pour un enfant, le sport ne relève pas encore d'une construction, il n'est que plaisir. En classe, on peut trouver que deux heures, c'est long. Mais quand on fait le sport qu'on aime, le temps file. C'est d'ailleurs le meilleur critère pour choisir un sport : celui où le temps passe le plus vite, celui où l'on s'évade le plus.

Le plus grand plaisir que l'on peut trouver dans le sport, c'est de progresser. Chacun à son niveau. Découvrir des sensations et faire mieux le lendemain. Peut-être que pour certains, le plaisir ne peut pas être immédiat. Ceux qui font du sport pour maigrir ou parce qu'ils ne sont pas bien dans leur corps, peuvent trouver que le temps passe lentement. Il est normal que le corps souffre au départ quand on lui demande quelque chose de nouveau auquel il n'est pas préparé. Que ça se traduise par de la transpiration, des douleurs, un manque d'air... L'important est de moins souffrir le lendemain et de prendre du plaisir celui d'après. Je pense que le sport vécu comme une contrainte n'est pas viable sur la durée. Il faut que le plaisir vienne très vite au relais.

Dans le fond, peu importe le niveau de pratique, ce n'est pas ce qui compte le plus dans le sport. Mais je constate souvent combien le sport professionnel fait rêver les jeunes que je rencontre. Je suis impressionné par le nombre d'entre eux qui me disent : « J'aimerais être comme toi plus tard, faire ce que tu fais ! » Le terme de « professionnel » revient tout le temps alors que les gens ne se rendent pas compte qu'il n'y a pas forcément une limite entre amateur et professionnel. Comment fixer la ligne qui les sépare ? Par le temps consacré, par l'investissement, par les résultats, par la passion, par la compétence, par l'argent... ? On ne donne d'importance au sport que ce que l'on veut en faire. Je pense que si autant de jeunes rêvent de ma vie de professionnel du sport, c'est parce qu'ils y voient une façon de se libérer des contraintes de l'école. Qu'ils se disent qu'ils n'auront plus à rester assis à un bureau. Que le bureau du champion, c'est le stade, la forêt qui est à côté, ou la plage.

Je suis assez fan d'Harry Potter, mais surtout du lieu d'étude dans lequel il évolue : Poudlard. Avoir un château comme celui-là, où l'on remplacerait l'étude de la magie par un cursus scolaire et le terrain de quidditch, le sport des sorciers, par un beau complexe sportif, serait mon idéal absolu. Y instaurer une vision plus dynamique de l'éducation, au côté d'un personnel compétent, bien sûr, car je suis loin d'avoir la science infuse, et aider les jeunes à atteindre leurs rêves me plairait beaucoup. Je me sens redevable de ce que mon sport m'a apporté et j'aimerais créer une académie où je rendrais tout ce que j'ai appris. Je n'ai qu'une envie, c'est qu'un maximum d'enfants passent par ce que j'ai vécu. Et pas forcément au plus haut niveau, car j'ai vu pas mal de décathloniens beaucoup moins forts que moi mais tout aussi épanouis dans leur vie. Il faut que je vous explique ma trajectoire pour que vous compreniez mieux ma philosophie.

* * *

Ma mère, Carole, était professeur d'éducation physique et sportive et mon père, André, éducateur sportif. Elle a été une très bonne joueuse de tennis, classée 15. Et lui a été pendant quinze ans maître-nageur l'été et moniteur de ski l'hiver. Mes tout premiers souvenirs sont à la piscine de Jouy-le-Moutier, dans le Val-d'Oise, en région parisienne, où je suis né. J'y étais bébé nageur et j'y suis allé jusqu'à mes trois ans. Je me rappelle une cage métallique qu'ils mettaient dans l'eau et vers laquelle j'allais. Les collègues de mon père étaient inquiets, ils craignaient que je me noie en plongeant comme ça dans le grand bain, sans protections. Mais mon père me surveillait de loin, comme toujours. Il affirme qu'il avait vu que j'étais suffisamment explosif pour revenir tout seul vers le bord en faisant le petit chien. Bon, je me souviens que j'en ressortais quand même le ventre plein tellement je buvais la tasse ! Mais sans peur ! Je n'ai jamais eu peur dans mes pratiques sportives. J'ai toujours eu ce côté casse-cou.

À deux ou trois ans, j'avais déjà une raquette de tennis dans les mains et je skiais les skis en parallèle. On peut parler d'une forme de précocité. Mais sans doute pas de l'assurance de faire une carrière dans le sport. Ce n'était d'ailleurs pas du tout l'idée de mes parents. Ils ne nous forçaient à rien. Quand Thibault leur demandait : « Je suis obligé de skier, moi aussi ? » ils lui répondaient que non. En revanche, l'activité physique en nature était essentielle à leurs yeux et on n'a pas pu y couper. On faisait souvent des grandes balades. Par exemple en forêt, Thomas dans les bras de ma mère, Thibaud sur le ventre de mon père et moi sur ses épaules. On a pratiqué tous les jeux que l'on peut imaginer pour des gamins. On a eu notre époque arcs et flèches, cabanes, jeux d'eau... J'ai toujours lancé des cailloux, qu'il s'agisse de les faire ricocher, de viser ou de lancer loin. Je suis certain que mes qualités de lanceurs me viennent de cette enfance-là. Aujourd'hui, quand je vois un décathlonien ou une heptathlonienne en souffrance dans les lancers, ce qui est assez fréquent, je ne peux pas m'empêcher de penser qu'il ou elle n'a pas dû lancer assez de cailloux dans sa jeunesse.

Quand j'étais gamin, mes parents ont acheté un camping-car. On y a d'ailleurs vécu quelques mois lorsqu'on a déménagé du Val-d'Oise à La Roche-de-Glun, à la limite de la Drôme et de l'Ardèche, tout près de Valence. Mais surtout, cela nous a ouvert des horizons tous les étés. On y a passé des vacances à sillonner le Portugal, la

Sardaigne, la Sicile, l'Irlande, la Norvège ou la Croatie. Un grand voyage par an pendant mes années de primaire et de collège. Il y avait bien une partie urbaine dans nos séjours, des visites culturelles de musées, parce que ma mère y tenait. Mais elle voyait bien qu'elle nous y traînait comme des boulets. Je ne suis pas totalement insensible à l'architecture des villes mais c'est avec la nature que j'étais connecté. Depuis, j'ai toujours eu beaucoup de mal à passer du temps en ville. J'ai besoin pour mon équilibre de me mettre pieds nus, le matin, dans l'herbe mouillée par la rosée. Pas de l'herbe enrichie à l'engrais mais de la bonne herbe avec plein de mousse. Je crois que beaucoup de gens en ignorent malheureusement les bienfaits sur le système nerveux. Ils sont pourtant énormes. Pour l'humeur comme pour les entorses, d'ailleurs.

Mon père avait donc pris l'habitude de rouler en grande partie de nuit et de trouver, tard, des endroits sympas pour qu'on y dorme. Au milieu de champs, d'arbres, de lacs, des bruits des animaux, des branches et de leurs feuilles, près des rivières, de la mer. Parfois, je remontais un peu un rideau pour essayer de voir où on était. J'apercevais la pleine lune se reflétant dans l'eau et je me disais que ça avait l'air beau. Mais dans la nuit noire, je n'avais qu'une vague idée. Alors, au matin, c'était la surprise et, parfois, l'émerveillement. Comme cette fois, dans le Connemara, en Irlande, près d'un lac. Un endroit paradisiaque. La forêt ressemblait à celle de *Van Helsing*, on jouait au loup-garou. C'était ma grande époque « pêche ». On avait emmené les canoës, on allait au milieu du lac, on attrapait du poisson et on le faisait griller le soir. En Croatie, c'était notre période « plongeons ». Dès qu'il y avait un pont au-dessus d'une rivière, on demandait à nos parents de s'arrêter pour plonger. À Dubrovnik, le grand objectif était de trouver la falaise dont notre grand frère Sébastien nous avait parlé auparavant, un spot de plongée d'où tous les gamins sautaient dans la mer. Elles étaient très belles, ces falaises...

C'est là que s'est forgée mon entente avec Thomas. Bagarres, courses, jeux, plongeons... Thomas était bon en sport mais il n'avait pas le goût de la compétition. Pour lui, ce n'était que loisir. Moi, dans tout, je jouais pour gagner. J'étais beaucoup plus petit que lui mais il m'envoyait au feu. S'il fallait sauter de trois mètres de haut et qu'il hésitait à le faire lui-même, ce que je ne voyais pas, il me disait : « Allez vas-y Kevin, saute ! » Il m'utilisait comme un cobaye. Mais c'est de cette pression surmontée, je crois, que date ma capacité à toujours me dépasser. Parce que le regard de mon frère était très important mais aussi parce qu'il en ressortait une certaine forme d'adrénaline et de fierté à être celui qui prend les risques. Je l'ai parfois fait au prix de vaincre ma peur et c'est là que j'y ai le plus appris. Au loin, il y avait le regard de nos parents, comme une sécurité, l'assurance qu'on ne prenait pas des risques trop importants. Je ne me suis jamais mis en danger, je ne me suis jamais dit : « Là, j'aurais pu me tuer ! » Du moins je ne crois pas. Ou bien ai-je oublié...

Nos parents nous ont essentiellement inculqué des valeurs. Ils ne m'ont jamais tenu de grands discours philosophiques, ces discours dont je me sentirais volontiers capable à l'avenir avec mes propres gosses. Je crois que je voudrais trouver la grande phrase définitive qui pourrait leur faire passer des caps. Mais je n'ai jamais ressenti de la part de mes parents une exigence de performance sportive. Ce qu'ils m'ont le plus apporté en la matière, c'est leur présence, leur soutien. Et c'est justement ce que beaucoup de parents ne font pas. Leur discours aurait pu être : « Mon fils, tu feras du sport si tu veux, ou pas. Si tu en fais, tu feras celui que tu veux. Mais jamais on ne te dira qu'on ne peut pas t'y emmener ou s'occuper de toi. »

Je dois donc à mes parents qu'ils m'aient toujours laissé les portes du sport grandes ouvertes. Et donc probablement en partie mon goût du sport. Mais j'avais cette passion en moi. Je crois qu'avec mes gènes, même si mes parents n'avaient pas été sportifs, cette passion se serait exprimée un jour. J'ai très tôt pensé que le sport allait être ma vie. J'ai cru au départ que ce serait dans le tennis. Quand on a déménagé, on est allé voir le club de La Roche-de-Glun avec ma mère dès le premier jour, moi avec ma raquette à la main. Pendant des années, jusqu'au collège, le tennis a occupé une place essentielle dans ma vie. J'étais tellement accro que je pouvais traverser les allées d'un grand centre commercial tout en mimant les actions, en répétant les gestes. Le tennis me passionnait-il plus qu'un autre sport ? C'est difficile à dire. J'en faisais beaucoup d'autres et j'aimais ça. En tout cas, c'était une occupation dévorante. Et, dans mon esprit, cette nuance entre passion et occupation est fondamentale.

* * *

En fait, le tennis est peut-être le sport où j'ai le plus ressenti la pression du résultat. Ma mère était forte et je voulais l'être aussi, j'adorais sa technique et je voulais jouer comme elle. Elle commentait le jeu des meilleurs devant la télé et j'essayais de le retranscrire. J'ai toujours eu de grandes aptitudes pour ça. Piger des gestes. J'aimais le tennis parce que je m'y débrouillais bien. À un moment, à dix ans, j'ai atteint mon pic, un bon niveau régional. J'avais été détecté par ma ligue, je m'entraînais cinq fois par semaines, j'allais tous les week-ends regarder et jouer des matches, parfois contre des gars de trois ans plus vieux que moi. Pour passer un cap supplémentaire, il aurait peut-être fallu que l'on me prenne un coach particulier mais ce n'était pas du tout la façon dont mes parents envisageaient le sport. Mon comportement leur importait plus que la victoire ou la défaite.

Avec le temps, j'ai appris que le plus important, dans le sport, était de tout donner pour gagner et accepter dès lors la défaite sans regret. Mais ça n'a pas toujours été le cas. Enfant, je détestais juste perdre. En toute activité d'ailleurs.

Sans être mauvais joueur pour autant, sans m'en prendre à mon adversaire ou à l'arbitre. A fortiori, je n'ai jamais triché, pas plus en tennis que dans aucun sport. Je ne m'en suis donc jamais pris qu'à moi-même. Mais mes parents étaient du genre à me sortir du cours si je me mettais à pleurer de rage parce que je ne parvenais pas à jouer comme je le voulais. Le pire, pour eux, c'était que je me retourne contre mon matériel. C'est une chose qu'ils n'ont jamais pu admettre. Les deux ou trois fois où j'ai tapé la mienne contre un grillage par énervement, j'ai été exfiltré directement du cours avec attribution d'un carton rouge à la maison. Dans ces cas-là, ma mère était très forte pour me faire culpabiliser. Je pense que ça lui faisait surtout mal que je n'arrive pas à prendre du plaisir sur le terrain.

Je me suis plus d'une fois demandé si j'allais continuer le tennis. Je m'accrochais vaguement à l'idée de devenir tennisman professionnel un jour. Mais je recherchais plutôt le style, la beauté du jeu. Roger Federer était mon idole. J'ai toujours tout aimé chez lui : l'élégance, la pureté des gestes, sa façon d'attaquer, sa capacité à être sur toutes les balles, à réussir des coups hallucinants. Si j'ai arrêté le tennis, c'est probablement en partie parce que je n'avais pas la patience d'échanges interminables face à des adversaires qui jouaient à la baballe, qui se contentaient de la remettre et d'attendre ma faute. Moi, je n'avais qu'une envie, c'était d'attaquer, faire des points spectaculaires. Je jouais d'ailleurs beaucoup mieux contre des gars qui frappaient la balle. Mais les meilleurs jeunes régionaux ne faisaient que la remettre.

Je pense que j'aurais pu être fort au tennis. Les cadres disaient que j'avais une belle technique. Mais je perdais des matches parce que je faisais trop de fautes. J'ai bien tenté de rester calme mais je jouais alors beaucoup moins bien. Je lâchais les points. Peut-être que cette maturité me serait venue avec le temps, que j'aurais gagné en patience. On dit que Björn Borg, la légende du tennis qui martyrisait le bouillant John McEnroe, avec son incroyable maîtrise de ses émotions, était volcanique, enfant. Et il semble que Federer s'énervait aussi beaucoup quand il était jeune. Alors que j'adore son attitude sur le court depuis toutes ces années. Or l'attitude est la chose à laquelle j'accorde le plus d'importance quand je regarde du sport. Sa maîtrise est totale.

Il a trouvé cet équilibre où il ne lâche jamais rien sans jamais s'énerver. C'est énorme.

Le tennis, ça m'a plu jusqu'à ce que ça ne me plaise plus. Quand j'étais en 6e, j'ai fait ce que j'appelle « mon burn-out du tennis ». Pendant un an, je me suis contenté d'aller m'entraîner avec mes potes. Mais j'ai arrêté la compétition ; je m'énervais et je n'en voyais plus l'intérêt. Je sais que cet énervement venait de mon perfectionnisme, celui-là même d'où découlent mes succès aujourd'hui. Ne pas supporter de perdre un point au tennis s'est transformé en une volonté de tout apprendre techniquement en athlétisme. Mais avant d'atteindre ce degré d'exigence-là, il me fallait une notion beaucoup plus essentielle à la condition de l'enfance, une notion qui découle de tout ce qui précède et qui ne m'a jamais quitté dans l'athlé : le plaisir ! Autant je me suis souvent posé des questions avec ma pratique du tennis, autant ma passion pour l'athlétisme n'a, elle, jamais souffert d'interrogations.

Cela prouve que, dans le sport, vouloir devenir bon pour prendre du plaisir est condamné à l'échec. Alors que la réciproque est vraie, le plaisir est une condition préalable au succès. Au départ, j'ai pratiqué l'athlé sans jamais penser aux performances que je pourrais faire. J'y allais juste pour le plaisir. Cela peut sembler étrange pour un sport qui n'est pas un jeu. On *joue* au tennis, au foot, au basket... alors qu'on *fait* de l'athlétisme. Mais c'est une mine d'or d'apprentissage de toutes les valeurs de la vie. Et c'est la rencontre dont j'avais besoin.

2

L'ATHLÉTISME, TU CHOISIRAS

Dès mes premières compétitions d'athlé, j'ai gagné. Au début, en maternelle et en primaire, c'était les cross que mon père, en tant qu'éducateur sportif, organisait autour du bassin, dans le village. Je me suis alors rendu compte qu'être au centre de l'attention des gens me plaisait énormément. Même si cela restait assez relatif. En primaire, par exemple, j'étais amoureux d'une fille et je ne comprenais pas pourquoi elle ne voulait pas de moi alors que j'avais gagné le cross de l'école. Évidemment, je trouve ça aujourd'hui assez con d'avoir pu penser comme ça. D'une façon plus générale, montrer aux autres ce que je valais par l'intermédiaire du sport était très important. Pour l'enfant peu sociable que j'étais, c'était le domaine où je pouvais prouver ma différence, exceller et me faire accepter.

C'est l'athlétisme qui m'a apporté la confiance qui me manquait. Mais obtenir la reconnaissance des autres enfants ne fut pas si simple. Je pensais que gagner suffirait mais mes petits camarades, parallèlement, m'en voulaient, eux, d'être ainsi dominés Ils me renvoyaient souvent à ma condition de « fils de... ». En primaire, c'était : « Ton père est éducateur, c'est pour ça que tu es bon. » Au collège, c'est devenu : « Ta mère est prof de sport, c'est normal... » Comme si ça me retirait tout mérite et donc tout crédit à leurs yeux. Ça n'a heureusement pas duré, mais je me suis retrouvé un temps piégé dans ce cercle vicieux. Je n'étais alors pas très expansif hors de ma cellule familiale et ces commentaires me maintenaient donc dans ma coquille. Il n'y avait pourtant que dans le sport que je n'avais plus peur d'être jugé, que je ne craignais pas de faire une faute de syntaxe. Je ne me suis jamais senti rejeté non plus. J'ai toujours eu de bons potes. J'étais très loin du harcèlement dont souffrent malheureusement certains enfants à l'école. Mais je rêvais d'être le leader que je n'étais pas. J'ai eu raison d'insister car l'athlétisme allait me l'apporter.

En classe de 6e, je me suis d'abord inscrit dans un club de natation, en plus du tennis. Je me sentais très bien quand je sortais de l'eau, après mes longueurs de bassin. Mais les enchaîner comme ça, sans échanges, ne me rendait pas heureux. Il me manquait un truc important : l'interaction sociale. C'est pour ça que j'ai demandé à mes parents de rejoindre le club d'athlé l'année suivante, à Tournon. Là, je me suis fait de très bons amis. Et puis il y avait aussi la fille avec laquelle je voulais sortir. Je n'avais au départ absolument pas l'idée d'y briller. Mais entre mes années de tennis et la natation, j'avais développé une caisse de dingue et j'étais bon dans le demi-fond. Dès la 5e, j'étais champion régional benjamin de cross. Je n'aurais donc jamais pu imaginer alors que le 1 500 m, la dernière discipline du décathlon, deviendrait un jour mon point faible et l'épreuve que je redouterais le plus. Mais c'est une autre histoire...

Comme tous les jeunes des écoles d'athlétisme, je touchais à toutes les disciplines. Les coaches me disaient que je pourrais être bon dans chacune d'elles. On m'a proposé à un moment de ne faire que du demi-fond mais je m'éclatais dans l'octathlon. L'octathlon, c'est la déclinaison du décathlon pour les jeunes, à savoir huit épreuves au lieu de dix, sans lancer du disque ni 400 m, mais toujours sur deux jours. Je garde de formidables souvenirs de nos virées en compétition. On ne dormait pas de la nuit entre les deux journées d'épreuves. On jouait aux cartes jusqu'à 4 heures du matin. C'était une nouvelle fenêtre sociale qui s'ouvrait à moi. J'adorais ça. Il y avait au club un gars plus fort que moi, je me disais que je ne le battrais jamais mais je m'en moquais. Je m'éclatais.

Chez les jeunes, il n'y a pas de championnats de France en athlétisme avant la catégorie cadets. Pour les moins de seize ans, les minimes, il existe une compétition très reconnue que l'on appelle les Pointes d'or. C'est un triathlon qui doit comprendre un saut, une course et un lancer. Comme j'étais naturellement bon en hauteur (j'ai sauté 2,01 m en première année cadets), au javelot (grâce à mes lancers de cailloux, enfant) et donc sur 1 000 m, ce sont ces trois disciplines que j'avais choisies. J'ai dû me classer 17ᵉ... ou 25ᵉ, je ne sais plus, peu importe. En tout cas, mon meilleur pote, à mon retour, m'a dit : « Tu te rends compte, t'es le 17ᵉ meilleur de France ! » Non, je ne me rendais absolument pas compte.

* * *

L'année suivante, j'ai participé à mes premiers Championnats de France en cadets. C'était l'hiver, donc en salle, à Vittel, sur un heptathlon. Et j'ai gagné mon premier titre. Deux semaines plus tard, j'ai aussi été champion de France en salle du saut en hauteur. Dès le lendemain matin, j'allais en cours à 8 heures. Comme si de rien n'était. Mais cela avait changé le regard de mes camarades de classe. Ce n'était plus « Kevin-qui-est-bon-en-sport-grâce-à-ses-parents », j'avais acquis une forme de reconnaissance. De mon côté, je voyais juste que les résultats venaient naturellement. Je constatais que, si les compétitions à enjeu en inhibent certains, elles me transcendaient, moi, et que j'y battais mes records. J'en étais plutôt heureux mais je vivais surtout l'instant présent. J'avais hâte de refaire une compétition sans me projeter vraiment en termes de performances. Je pense quand même que c'est à ce moment qu'a dû germer dans ma tête l'idée que je pourrais être un sportif de haut niveau. Sauf que je le vivais surtout dans le regard des autres. C'est un peu comme ces potes bienveillants qui, quand je commencerai à sortir, me décourageront de boire et de fumer comme eux parce que je suis un sportif de haut niveau.

Après, tout est allé très vite. Mes parents n'y connaissant rien en athlé, ils s'étaient transformés en supporters, ce qu'ils sont toujours aujourd'hui au sein de la tribu qui m'escorte et me porte dans les grandes compétitions. Ils me filmaient sous tous les angles. Ils avaient pressenti mon potentiel sportif et tout ce qui leur importait, c'était que je trouve le sport dans lequel je pourrais me réaliser. Peu leur importait que ce soit l'athlé ou un autre, ni jusqu'où cela pouvait me conduire. Jusqu'à ce que la question devienne plus brûlante, ce jour de premier titre de champion de France à Vittel. Mon coach à Tain-Tournon, Xavier Berthet, a assez rapidement expliqué à mes parents que mon potentiel risquait de dépasser ses compétences. C'était une démarche super honnête de sa part quand d'autres cherchent parfois à garder leur pépite. On a donc décidé que je rejoindrais le sport-études de Montpellier, la base des épreuves combinées en France. Quand j'y suis arrivé, en année de première, il y a eu un changement de coach et c'est comme ça que je me suis retrouvé à travailler avec Bertrand Valcin, sans que ce soit prévu.

Avec « Bébert », on est devenus très proches au fil des ans, des amis. Je pense que c'est le meilleur coach de France. On a appris à se découvrir et on a grandi ensemble, moi comme athlète et lui comme coach. Pendant douze ans… Et au bout de douze ans, parce qu'on se connaissait trop justement, on a convenu, au début de l'été, que notre association avait atteint un point de stagnation. Or, la stagnation est synonyme de non-progression, elle génère des tensions. D'où notre séparation. D'une certaine façon, l'amitié que j'ai pour Bertrand l'a emporté sur l'aspect professionnel. Continuer à s'entraîner ensemble commençait à présenter plus d'inconvénients que d'avantages. Mais je n'oublie surtout pas le chemin parcouru ensemble.

Avec Bertrand Valcin, je suis devenu champion du monde cadets dès la première année, en 2009. C'était à Bressanone, en Italie, sur une jolie piste verte. Mon premier grand championnat international. Et le dernier grand voyage de mes parents avec le camping-car, qu'ils ont ensuite vendu. Je les y rejoignais le midi pour manger, entre les épreuves. À Bressanone, j'ai découvert l'euphorie d'un grand championnat, la façon dont elle me gagnait naturellement. C'était bon, de l'énergie pure. Et l'année qui a suivi, j'ai remporté le titre mondial juniors à Moncton, au Canada. Tout semblait facile, c'est là que j'ai découvert mon énorme potentiel en championnat, j'y deviens quelqu'un d'autre. Mais les gens ne se rendent pas compte de la hauteur de la marche à gravir entre juniors et seniors. La route était très longue. Je n'étais qu'un décathlonien encore insignifiant et je me disais juste que je pourrais peut-être me qualifier pour les Jeux olympiques sans voir plus loin. J'avais seulement alors la certitude que j'avais trouvé ma voie.

* * *

On me demande souvent si j'aurais pu être champion dans un autre sport. C'est vraiment difficile à dire. J'avais des facilités et des aptitudes pour un grand nombre de sports auxquels j'ai touché. Mais cela ne suffit pas. L'évidence familiale aurait voulu que je perce plutôt dans le tennis, la natation ou le ski. Je suis un grand fan des sports de glisse. J'ai évidemment ça en commun avec ma compagne Delphine, qui a pratiqué la planche à voile au plus haut niveau national et qui, après avoir eu la sensation d'en avoir un peu fait le tour, s'est récemment lancée dans le défi du kitefoil. En intégrant la Sport Factory de la FDJ en vue des Jeux de Paris, en 2019, j'ai eu aussi l'occasion de discuter avec pas mal de champions d'autres sports. Des échanges très riches, même dans des pratiques qui n'ont rien à voir avec la mienne. J'ai constaté en particulier que je pouvais passer facilement des heures avec les champions de la glisse, Tess Ledeux, la championne du monde de slopestyle, ou Johanne Defay, la surfeuse. J'ai pourtant choisi une autre voie, finalement opposée à celle qu'avait prise mon frère Sébastien. Car s'il n'y a quasiment pas de règles dans le ski freeride, il n'y a presque que ça dans l'athlétisme. C'est peut-être que j'avais justement besoin de ce cadre pour m'exprimer. Quelque chose de très mesuré, chiffré, presque mathématique. Et d'universel.

L'athlétisme est un sport fondateur, à la base de tous les autres, j'en suis convaincu, que l'on pratique dans tous les pays et au plus haut niveau sur tous les continents. Aux derniers Jeux olympiques à Rio, quarante-trois pays ont gagné au moins une médaille en athlé ! C'est fou, non ? Dans le top 10 des plus médaillés, on retrouvait aussi bien des très grands pays que des tout petits, des très peuplés et des presque pas, les plus riches et des très pauvres. Ça allait des États-Unis à l'Éthiopie, de la Chine à l'Afrique du Sud, de la Jamaïque à la Grande-Bretagne, du Kenya au Canada, de la France à la Nouvelle-Zélande. L'une des conséquences qui me plaît le plus, c'est que la mixité culturelle et raciale est infinie dans ce sport. C'est particulièrement vrai dans le décathlon. À chaque fois qu'un champion prend la succession d'un autre au sommet de ma discipline, il arrive d'une tout autre origine. Sur les trente dernières années, avant moi, il y avait eu notamment les Tchèques Tomas Dvorak et Roman Sebrle, les Américains Dan O'Brien, Bryan Clay et Ashton Eaton. Soit des Noirs, des Blancs et des métis !

Je pense que j'ai toujours été protégé du racisme, d'un point de vue familial d'abord, puis sportif. Il me semble même impossible de pratiquer l'athlétisme et d'être raciste. J'ai le sentiment qu'on est tellement à l'aise avec ça que l'on peut en plaisanter sans qu'il n'y ait jamais la moindre ambiguïté. Par exemple, en équipe de France, où la mixité est totale, on en rit. Certains potes de l'équipe ont pu me traiter en rigolant de « petit blanco » ou même de « nazillon » en référence à ma blondeur et à mes yeux bleus sans que j'aie pu ressentir la moindre gêne ou le moindre sous-entendu. J'adore l'idée qu'on puisse en rire tellement on est libéré de ces sentiments mauvais. De toute façon, le racisme m'est tellement étranger que je n'arrive pas à le comprendre. Je n'ai pas reçu, comme Christophe Lemaitre, un courrier de félicitation du Ku Klux Klan, mais certains ont tenté de récupérer mes succès pour faire la promotion d'une race supposée et je ne l'ai pas laissé passer. Ça, c'est non négociable. Je n'ai rien à voir avec ces gens-là. Si race il y a, nous ne sommes pas de la même.

Heureusement, je n'ai jamais vécu dans un stade d'athlétisme ce que l'on a pu voir et entendre dans certains stades de foot, en Italie notamment mais pas seulement, avec des cris de singe ou des lancers de bananes. En athlé, on lance des disques et des javelots, pas des bananes, et j'aime ça. Cela fait en tout cas partie des problèmes que j'ai avec le foot. Je tiens à préciser que je ne déteste pas le foot. Simplement, moi qui suis un dingue de sport, de tous les sports, j'aime moins le foot que les autres. J'y ai évidemment joué, comme tous les enfants. J'aimais bien taper dans un ballon. Mais j'avoue que c'était le sport pour lequel j'avais le moins de dons. En gros, j'ai les pieds carrés, courir avec un ballon entre les jambes m'est compliqué.

Il n'y a aucune jalousie de ma part envers ce sport. Franchement, je n'envie absolument pas les footballeurs. Ça doit être extrêmement compliqué de rester irréprochable quand sa vie est scrutée et commentée à chaque fois qu'on bouge un petit doigt ou qu'on met le pied hors de chez soi. Le devoir d'exemplarité qu'on exige des stars du foot pour tout et rien ne me tente pas du tout. Pas plus que je n'envie la place qu'a prise ce jeu dans notre société. Je ne fais du sport ni pour la gloire, ni pour l'argent. Ce sont à mon avis deux très mauvaises raisons, souvent à l'origine des pires dérives, tricheries et dopage. Non, j'éprouve plutôt de l'incompréhension. Pourquoi le foot est-il presque devenu une religion planétaire ? Pourquoi le grand public l'adule-t-il autant ? Qu'est-ce qui peut bien le justifier ? Attention, je n'en veux pas aux fans, d'ailleurs je ne les critique même pas, mais je ne les comprends pas.

Je suis allé voir récemment un match entre Montpellier et le PSG. J'étais scié de voir les mecs gruger pour gagner du terrain au moment de tirer un coup franc dans leur propre camp. Et leurs adversaires reprendre le ballon pour le remettre plus loin. Et ainsi de suite… J'étais surtout attristé de voir un joueur, présenté comme l'un des grands génies de son sport, tomber sans arrêt pour leurrer l'arbitre alors qu'un coéquipier multipliait en vain les courses d'appel. Il se roulait au sol plutôt que de tenter de rester debout pour aller au bout de son action. J'ai du mal avec ça. Quel plaisir peut-on prendre à préférer le vice d'une simulation à une action ? Dans le sport, le plaisir doit venir du jeu. Sinon, on bafoue l'esprit du sport, on ne le pratique pas avec les bonnes intentions. Et c'est une mauvaise image à donner. Or c'est de loin le sport le plus regardé.

Au foot, ceux que je préfère sont les gros bourrins qui défendent leur camp jusqu'au bout, se battent, se jettent, taclent, courent tous le temps, ne lâchent rien… même quand ils sont bousculés. On dira peut-être que je suis naïf. Je répondrai plutôt que je ne suis décidément pas un fan de foot. Quand je regarde un match, j'ai au moins six chances sur huit de m'ennuyer. Il peut ne rien se passer. Alors que quand je regarde des matches de basket, de hand, de volley, de rugby, du golf, du ski... le public est bon enfant et je m'éclate le plus souvent. Il s'y passe toujours des choses spectaculaires. Même dans un match de saison régulière de NBA en basket, sans enjeu majeur puisque chaque équipe en joue plus de quatre-vingts avant les play-offs, il y aura des gestes incroyables qui me feront me lever : passes, shoots, contres... J'avoue que les basketteurs qui ne pensent qu'à provoquer des fautes adverses m'agacent un peu comme les footballeurs ayant ce travers-là, mais ils ne simulent jamais une douleur horrible et poursuivent toujours leur action dans l'espoir de marquer le plus de points possibles.

* * *

Je ne joue pratiquement plus au foot. Aujourd'hui, quand je vois un ballon traîner par terre, mon premier réflexe est de le ramasser pour jouer au volley ou, presque à coup sûr, pour shooter à un panier. Mon histoire avec le basket est bizarrement très récente. Mes parents n'étaient pas du tout basket et personne dans mon entourage ne l'était. C'est presque fou de se dire que je ne l'ai jamais pratiqué alors que j'ai touché à un nombre incalculable de sports. Bref, j'étais passé au travers des mailles du filet de basket jusqu'à un stage d'athlétisme à la Réunion au printemps 2017. Il y avait un panier là où on s'entraînait. Je l'ai d'abord observé par en dessous, accroché là-haut à sa planche, et je me suis dit que ça devait être grisant de mettre un dunk. Alors j'ai passé trois heures à essayer et réussir à mettre ces dunks. Ensuite, tout est allé vite, j'ai découvert les plaisirs du reste du jeu.

Il y a au basket, comme au golf, et pas du tout en athlétisme, un truc plaisant, c'est que le travail ne dépend que de ta volonté. C'est-à-dire qu'il n'y a quasiment pas de barrière physique limitant la pratique. Si vous voulez passer votre temps, vos jours et vos nuits, à putter ou à shooter ou à dribbler, rien ne vous en empêche. La pratique peut s'avérer fatigante à la longue mais on peut y travailler très longtemps tout en conservant de l'efficacité. Vous pouvez donc rechercher la perfection du geste sans vous fatiguer ni risquer la blessure. C'est un luxe incroyable que je ne peux pas me permettre au décathlon. J'aimerais m'y entraîner beaucoup plus mais les limites du corps humain ne me le permettent pas. Là encore, on *joue* au basket alors qu'on *fait* du décathlon...

Voilà donc comment je suis devenu soudainement et totalement accro au basket. Aussi bien dans la pratique avec mes potes, de manière hebdomadaire, le jeudi, au CREPS de Montpellier, que devant la télé, en me levant très tôt à cause du décalage horaire avec les États-Unis. Je suivais déjà un peu la NBA de loin mais là je m'y suis mis de près. Bertrand pensait que ça me passerait assez vite car j'ai tendance à épuiser des centres d'intérêt nouveaux pour passer à d'autres. Bébert aime raconter par exemple comment je leur avais cassé les oreilles, lors d'un stage, à jouer en boucle la partition de *Lalaland* au piano jusqu'à ce que je parvienne à une maîtrise du morceau que je trouve acceptable. Je peux effectivement jouer du piano jusqu'à l'épuisement et ne plus y toucher pendant de très longs mois. Il espérait aussi peut-être que le basket me passe par crainte que je m'y blesse. Mais il fait avec car il sait que ça me fait du bien à la tête, que ce n'est pas mauvais pour mon cardio et que ça me rééquilibre. Car en impulsant jambe gauche au basket, j'épargne la droite, celle avec laquelle je saute en hauteur et en longueur.

* * *

J'ai de toute façon compris tout de suite que le basket serait une passion à part. Le basket NBA est fascinant, physique, rapide, technique. Beaucoup de un-contre-un, pas de défense de zone. Il y a dix mille facettes et façons de marquer un panier. Je suis à fond depuis quatre ans et je doute que je puisse m'en lasser. Je prends cette affaire très au sérieux. Comme j'ai constaté qu'il est beaucoup plus intéressant de regarder des matches quand on est supporter d'une équipe, je m'en suis rapidement choisi une : les Celtics de Boston. Une équipe légendaire, de Larry Bird à Isaiah Thomas et aujourd'hui celle des Tatum, Smart...

Je regarde donc systématiquement les rediffusions de tous les matches des Celtics disputés pendant la nuit. J'adore leur jeu collectif. Et puis, ça peut paraître anecdotique mais ça ne l'est pas, ils jouent en vert, la couleur de la piste de Bressanone, dans les montagnes, la couleur de la nature, celle que j'aime. Si un jour je devais me faire construire une piste, elle serait verte. J'ai aussi vu deux fois les Celtics en vrai. Une fois à Londres, lors d'un match de NBA délocalisé en

Europe. Et l'année dernière à Miami. Je devais y aller en stage mais j'en ai choisi les dates pour qu'elles coïncident avec le passage des Celtics.

La seule chose pénible en NBA, c'est de voir les joueurs changer de club comme de chaussettes, d'être fan d'une franchise alors que son effectif se modifie sans arrêt, sans s'inscrire plus que ça dans la continuité. Isaiah Thomas est parti de Boston il y a quatre ans et, depuis, il a joué dans quatre clubs différents. Voir Kyrie Irving partir à Brooklyn en 2019 ne m'a pas été agréable non plus. C'est d'ailleurs un mal dont souffrent beaucoup les sports collectifs professionnels et j'imagine que je ne suis pas le seul supporter à s'en plaindre. Mais, c'est peut-être le côté un peu irrationnel de tout fan, je reste fidèle aux Celtics. J'ai découvert le basket avec Jayson Tatum, il est toujours là et je ne pense pas m'être trompé sur le potentiel de ce joueur, il est énorme.

Via mon équipementier Nike, la NBA a appris ma passion et m'a proposé d'intégrer le groupe de ses ambassadeurs en Europe. Ça m'a ouvert des portes. J'avais croisé la route de Tony Parker aux Jeux olympiques. Mais depuis, j'ai multiplié les expériences basket. J'étais à Bercy lors du premier match NBA de l'histoire en France au début de l'année. J'étais au bord du terrain, c'était génial, même sans les Celtics. J'adore par exemple Eric Bledsoe, le meneur de jeu de Milwaukee. La vitesse, la vie entre les joueurs, l'interaction possible aussi avec le public tout près. J'adore le basket parce que c'est un sport de rue accessible à tout le monde et j'en avais la confirmation avec les meilleurs du monde. Il y avait Ronny Turiaf, l'ex-pivot NBA de l'équipe de France, assis à côté de moi et quand Bledsoe faisait une touche, il lui parlait. Le mec lui répondait et repartait. Il n'y a pas le côté strict et coincé d'autres sports.

À Bercy, la star annoncée, c'était Giannis Antetokounmpo. C'est clairement le phénomène du moment dans ce sport. Alors oui, il est impressionnant. Mais je suis toujours plus admiratif des joueurs qui ne sont pas gâtés par la taille et qui doivent fournir beaucoup plus de travail pour rivaliser. Le talent est spectaculaire mais c'est le travail qui me laisse admiratif. Comme quand Kyrie Irving donne l'impression qu'il a une baguette magique à la place du ballon. La maîtrise gestuelle, à ce point, c'est ce qu'il y a de plus beau dans le sport. C'est quelque chose qui gouverne ma carrière de décathlonien. Pour l'atteindre, il n'y a que le travail. C'est ce que prônait l'immense Kobe Bryant.

Le décès de Kobe Bryant dans un accident d'hélicoptère, avec l'une de ses filles, Gianna, m'a bien plus affecté que je n'aurais pu l'imaginer. Peut-être parce qu'on n'est jamais prêt à voir disparaître aussi soudainement une légende. Parce qu'une légende est immortelle. J'ai rencontré Kobe Bryant en 2017, après mon titre mondial, lors d'un événement Nike à Paris. Je lui avais dit qu'il était un modèle et il m'avait répondu : « Bravo pour ce que tu fais ! » Bon, on lui avait peut-être dit ce que je faisais, justement, quelques instants avant notre rencontre. Ou pas, peu importe. Rencontrer Kobe était un grand honneur. Ça n'a duré que quelques minutes mais ça m'a profondément marqué.

Comme je ne me suis intéressé au basket que très tardivement, Kobe était déjà à la retraite. Je connais finalement mieux Kyrie Irving, Kevin Durant ou LeBron James. Dans le jeu, je dois aussi dire qu'il n'est pas mon basketteur préféré. Enfin, il est bien évident que si on regarde des highlights des actions de Kobe Bryant, c'est étourdissant. Mais ce qui me plaisait avant tout chez lui, c'est sa « Mamba Mentality ». Elle est fascinante et je me suis beaucoup identifié à lui par rapport à ça. Kobe expliquait que l'excellence a un prix élevé, que créer son propre chef-d'œuvre prend des années, que le sport d'élite exige des sacrifices importants, que des exploits extraordinaires supposent un corps extraordinaire... J'adhère complètement à cette mentalité. Je ressens exactement ce qu'il disait ressentir lors de ses entraînements. Kobe Bryant, c'était l'amour du boulot. Peu importe d'où l'on vient, d'où l'on part, si on se fixe un objectif et qu'on s'en donne les moyens, on peut l'atteindre.

Je regrette de ne pas avoir découvert le basket plus jeune. Cela me renvoie à mon seul véritable regret, celui de ne pas pratiquer un sport collectif. Mais, de toute façon, je ne pense pas que je serais arrivé au même niveau dans ce sport que dans l'athlétisme. Je me dis que je ne suis pas arrivé au décathlon pour rien. Avant même le travail, Kobe Bryant prônait l'amour de ce que l'on fait comme condition préalable à la réussite. Moi aussi. Évidemment, beaucoup d'eau a coulé sous les ponts depuis ma découverte du cross, quand on allait jouer et se chamailler au bord de la rivière avant la course, loin de tout stress. Mais la notion de plaisir doit rester au sommet de la pyramide, sinon c'est mort. Les résultats qu'on obtient dans un sport ne font que découler du plaisir qu'on a à le pratiquer.

* * *

Pourquoi les contraintes de l'athlétisme me vont-elles si bien ? Sans doute parce qu'elles ne me renvoient qu'à moi-même, qu'il n'y a pas d'excuses possibles. Dans ce sport, l'affrontement avec ses adversaires n'est qu'indirect. On est chacun dans son couloir quand on sprinte. Et on saute ou on lance les uns après les autres. On ne se touche pas comme dans les sports de combat, la boxe, le judo ou l'escrime, ou comme dans la plupart des sports collectifs. Il n'y a même pas d'échange direct, comme dans les sports de raquette ou au volley. Cela a une conséquence immédiate fondamentale : on se bat essentiellement avec soi-même. Pour faire de son mieux. Mais dans l'espoir de faire mieux que l'autre aussi, car on est en compétition et c'est là que le sport prend tout son sel.

Il n'empêche que l'on n'espère pas que l'autre se rate. On n'est pas acteur de ce qu'il fait. En clair, en athlé, on ne peut pas truquer ni se planquer.

Vous ne pouvez pas mettre de l'effet dans votre balle pour gagner du temps, vous ne pouvez pas passer sur le banc de touche pour souffler, vous ne pouvez pas refiler le ballon à un coéquipier, vous ne pouvez pas influencer l'arbitre… C'est encore plus vrai au décathlon qu'ailleurs. Puisque chacune de vos performances y est transformée en points et qu'il est impossible d'anticiper ce que feront vos adversaires, vous ne pouvez en fait vous en remettre qu'à vous-même.

Au décathlon, votre adversaire est d'abord un partenaire. C'est plaisant. Vous ne pouvez pas lui vouloir du mal. C'est plutôt un camarade de souffrance. Cela vient peut-être de mon éducation, mais le plus agréable est de battre un adversaire qui a été fort. Espérer qu'il se rate ne m'apporte rien. Le détester non plus. Je sais que certains se servent de ce genre de sentiments dans le sport, pas moi. Aux Jeux de Rio, avant le dernier essai d'Ashton Eaton au javelot, l'avant-dernière épreuve, j'avais encore une petite chance de gagner s'il se manquait. Or, dans les tribunes, ceux qui faisaient le plus de bruit pour l'encourager, c'étaient mes frères, ma famille. Parce que ce qui était beau, c'était de se pousser l'un l'autre vers l'excellence. C'est l'essence même du sport. On était aux Jeux mais c'était d'abord un jeu, comme une partie d'*Uno* entre potes. C'est ça le décathlon !

3

LE DÉCATHLON, TU PARTAGERAS

De tous les échanges que j'ai avec les gens, mes préférés sont ceux où je peux faire connaître ma discipline. Dans le fond, je ne fais pas tout ça pour moi mais pour elle. Je ne recherche pas une gloire personnelle mais j'aimerais qu'elle profite au décathlon. Jeune, j'ai cherché les petits projecteurs des cours d'école. Aujourd'hui, j'en ai de plus gros braqués sur moi mais ils m'encombrent parfois. Ils ne sont pas aussi énormes et aveuglants que pour d'autres, que je plains de devoir vivre reclus ou entourés de gardes du corps, mais je rêve désormais de passer tout mon temps libre avec les gens que j'aime.

Être reconnu dans la rue m'arrive maintenant tous les jours. Ça peut flatter l'ego. Et je dois reconnaître que ce sont le plus souvent des regards admiratifs, l'occasion d'un mot gentil. Mais il faut comprendre que cela vous prive de moments précieux avec vos proches. Alors je suis tenté de faire la sourde oreille quand on m'interpelle. Et ça me pose des problèmes de conscience. Car celui qui n'ose pas vous déranger, ou n'insiste pas, est potentiellement le plus sympa.

Je suis de la génération des réseaux sociaux. Je les utilise mais je n'ai jamais eu d'illusion sur le fait qu'on ne manquerait pas de me juger constamment, peu importe ce que je fais. J'ai vite compris que, avec eux, être un personnage public est compliqué. Si vous n'êtes pas parfait, vous en prenez plein la gueule. Mais si vous l'êtes aussi, car le « hater » n'agit pas de bonne foi. Or son poids est malheureusement trop important. J'ai beau recevoir 99 % de messages positifs, j'ai beau considérer que le silence est la meilleure des réponses à l'insulte et j'ai beau prendre de plus en plus de recul, ce 1 % de négatif qui reste m'énerve. Comme je suis en phase avec ma conscience, les insultes me glissent dessus et je bloque leurs auteurs. Mais je les vois et je m'interroge : dois-je m'agacer contre eux ou les plaindre ? Car se défouler sur les réseaux ne peut être synonyme que de frustration ou de mal-être.

Aujourd'hui, je n'ai plus besoin de plaire mais de partager. Je veux continuer à apprendre et rendre tout ce que j'ai déjà appris grâce au sport. Plus je gagnerai, plus je me sentirai légitime, plus je pourrai capter l'attention et plus je me sentirai utile. J'ai beaucoup appris d'Ashton Eaton. Ashton est le plus grand décathlonien de l'histoire : double champion olympique, double champion du monde, double recordman du monde. Ses interviews me donnaient des frissons. Quand je parle d'esprit du sport, il est celui qui l'incarne le mieux. Jamais de prise de tête, un don pour s'exprimer, une classe énorme. J'en serais presque jaloux. Car il répondait à toutes les questions de manière à les élargir, quand les sportifs sont parfois tentés de ne parler que d'eux. Ashton défendait, lui, des idées, des principes, c'était profond. Quand on m'interroge, j'essaie d'avoir ça présent à l'esprit. Si on me demande comment se passe ma préparation, je parle des personnes rencontrées, des domaines travaillés, des expériences menées… autant de choses qui peuvent être utiles à d'autres ou les inspirer.

* * *

On me dit souvent que les décathloniens sont les athlètes ultimes. Je ne sais pas. Ce qui est vrai, c'est que l'on est probablement les athlètes les plus complets. On a une motricité hors norme, on est capable d'apprendre très vite la gestuelle de multiples sports et on a des proportions physiques forcément adaptées à de nombreuses activités. Cela vaut aux décathloniens un grand succès d'estime car beaucoup de gens se considèrent incapables de dix travaux d'Hercule. Cette notoriété existait déjà dans la Grèce antique. À Olympie, il y avait beaucoup moins de sports au programme que lors des Jeux olympiques actuels, mais il y avait déjà le pentathlon. Il commençait par le sprint et se terminait avec la lutte. Au milieu, il y avait trois autres épreuves athlétiques qui n'existaient pas individuellement : le saut en longueur et les lancers du disque et du javelot. En clair, celui qui gagnait l'ensemble était considéré comme le sportif le plus accompli.

Le premier champion olympique du décathlon a été Jim Thorpe, en 1912. Thorpe était un Amérindien, élevé dans un territoire Sauk et Fox de l'Oklahoma. Son destin est incroyable. Un homme presque prisonnier du sport tant il était fait pour. Il a été basketteur pro, il a joué en MLB et en NFL, c'est-à-dire les grandes ligues pros de baseball et de foot US. On lui a retiré ses médailles d'or olympiques pour professionnalisme, une poignée de dollars en réalité, avant qu'on ne les lui rende finalement comme une reconnaissance posthume et un aveu d'hypocrisie... Ce qui est intéressant, c'est que Thorpe a été élu « plus grand sportif du XXe siècle » par les médias américains. Mais est-ce que ce serait encore possible aujourd'hui ? J'ai l'impression que le décathlon a perdu de sa notoriété avec le temps. Il y a toujours une reconnaissance importante du milieu, que nos performances impressionnent, mais on passe loin derrière plein d'autres sportifs beaucoup plus médiatisés, aux yeux du grand public. Ça m'interpelle.

Je constate que les sports aux épreuves multiples ont pourtant le vent en poupe. Le triathlon, avec natation, vélo et course à pied, est notamment un sport relativement jeune, entré aux Jeux olympiques en 2000, mais qui compte déjà beaucoup. Et puis, en France, on a un super exemple avec le biathlon. Je suis admiratif de Martin Fourcade. Il est devenu une figure du sport français et je trouve sa carrière extraordinaire. Le biathlon est un sport extrêmement télégénique, plein de rebondissements avec les passages sur le pas de tir. Mais je pense que le décathlon a également cette force de rebattre les cartes à chaque épreuve. C'est comme un feuilleton qui dure deux jours. Rien n'est jamais acquis avant la fin. Ou presque. Lorsqu'on est sur des compétitions de décathlon, sur des meetings dédiés aux épreuves combinées, comme à Götzis, en Autriche, ou à Talence, où j'ai battu le record du monde, les spectateurs sont totalement embarqués dans l'aventure. Ils ne ratent rien. C'est la preuve que ça marche.

Mon week-end à Talence restera toujours très haut dans la hiérarchie de ces moments de partage privilégiés que j'ai pu avoir avec le public autour de mon sport. Il y avait une communion incroyable avec les spectateurs. Ils ont participé à la performance, aidé à me dépasser pendant deux jours. Je n'oublierai jamais comment je pouvais sentir les tribunes vibrer, notamment pendant le concours du javelot, avant-dernière épreuve, quand le record s'est scellé pour de bon. Évidemment, le fait d'être en France a joué un rôle important là-dedans pour moi. Mais ce n'est pas que ça ! Quand l'Américain Dan O'Brien avait battu le record du monde à Talence, il y a près de trente ans (en 1992), l'ambiance était déjà folle. Et elle l'est tous les ans à Götzis, même sans record ni Autrichien de très haut niveau.

* * *

Notre gros souci médiatique, c'est notre rareté. J'adorerais pouvoir concourir tout l'hiver, plusieurs fois par semaines, comme le fait Martin Fourcade. Mais c'est physiquement impossible de reproduire plusieurs décathlons à très haute intensité dans un même été. En 1912, Thorpe avait pu doubler décathlon et pentathlon, deux épreuves qui étaient alors au programme des Jeux olympiques de Stockholm. Ce serait drôle que nous ayons aussi un deuxième format pour nous exprimer. Le pentathlon s'est arrêté il y a près de cent ans, en 1924, aux Jeux olympiques… de Paris. Dommage. Je trouverais ça plus intéressant que de vouloir modifier les règles du décathlon, comme on l'avance parfois, en remplaçant le 1 500 m final par une poursuite.

Celui qui remporte le 1 500 m final n'est, de fait, que très rarement celui qui remporte le décathlon. Le public doit donc attendre, avec les décathloniens, que s'affichent les résultats traduits en points. On me dit : « Dans une société moderne, technologique, de l'immédiateté, ce n'est plus possible, pas assez simple, pas assez lisible... » Bizarre. Pourquoi cela marche si bien à Talence ou à Götzis ? Et jusqu'où faudrait-il accepter d'aller pour plaire au plus grand monde ? J'ai souvent dit que je préfère avoir un petit public, mais un beau public, plutôt que de perdre mon âme pour un public de masse. Mais comme je me considère comme quelqu'un de très ouvert d'esprit et que mes résultats me confèrent un peu de responsabilités pour mon sport, j'ai pas mal réfléchi à tout ça. Ça pourrait être séduisant sur le papier mais je ne crois pas à la faisabilité d'une poursuite finale au lieu d'un 1 500 m traditionnel. À la différence du biathlon, notre piste ne mesure que 400 m et beaucoup de coureurs, une fois leurs points de retard transformés en temps, partiraient avec des tours de retard. Ce serait un fouillis invraisemblable.

Faudrait-il alors partir de l'extérieur du stade ? Outre que ça me semble farfelu et compliqué du point de vue de l'organisation, ce serait la négation même des épreuves du stade, justement, qui sont la définition de l'athlétisme. Faudrait-il changer la table de cotation pour réduire tous les points engrangés pendant neuf épreuves et donc les écarts avant le 1 500 m ? Cela diminuerait alors énormément l'importance de neuf efforts au profit d'un seul, le demi-fond, qui est pourtant justement la discipline la plus étrangère aux décathloniens. Illogique. D'autant que le grand public restera de toute façon condamné à ne pas voir beaucoup de décathlons.

Pour mieux médiatiser le décathlon, il y a sans doute d'autres pistes. Pour commencer, plutôt que le classement du 1 500 m, on pourrait déjà afficher instantanément le classement final dans le stade au fil des arrivées. Surtout, je plaide auprès des organisateurs des plus grands meetings, ceux de la Ligue de diamant, pour qu'ils nous intègrent plus à leur circuit. J'ai participé à plusieurs de ces meetings, sur les haies notamment, à Monaco. La Belge Nafissatou Thiam le fait régulièrement de son côté en hauteur, où elle est dans les trois meilleures du monde, et en longueur. Ma partenaire d'entraînement, la championne du monde Katarina Johnson-Thompson, aussi, dans les mêmes disciplines. Avec dix épreuves à leur programme, il est plus difficile aux hommes d'exceller dans une. Même si Eaton en avait les moyens dans certaines et qu'il a même fait toute une saison remarquable sur 400 m haies. C'est bien pour les décathloniens, individuellement, car cela montre que l'on est aussi des athlètes de très haut niveau. Mais pour que la discipline y gagne vraiment, il est plus efficace d'organiser des triathlons (une course, un saut, un lancer), comme on l'a fait ces dernières années au meeting de Paris, à Charléty. Cela a été à chaque fois un gros succès auprès du public. On pourrait aussi envisager de faire nos dix épreuves tout au long du circuit, à raison de deux épreuves pendant cinq meetings, pour être pleinement associés au circuit de notre sport.

Le décathlon et les décathloniens gagnent à être connus et je me battrai toujours pour ça. Il me semble que ce serait assez facile de le développer s'il y avait une volonté des principaux responsables. Mais la Fédération internationale est à l'heure actuelle plutôt dans une logique de suppression d'épreuves et c'est regrettable. Je trouve ça dommage que cette volonté soit dictée par les télés, qui exigent des formats de meetings plus courts. Quand on voit les Français, et pas qu'eux, se laisser happer par la dramaturgie du Tour de France, quatre heures par jour pendant trois semaines, je trouve même cette volonté contradictoire. Je soutiens donc à fond Christian Taylor, la grande star du triple saut, et l'association d'athlètes internationaux qu'il a montée pour s'y opposer. Il faut qu'on arrive à inverser les rôles et la logique, que ce soit le sport qui dicte ses règles aux télés. Et que les athlètes soient consultés, car ils ne manquent pas d'idées modernes.

* * *

Ma passion du décathlon est telle que mes contrats y sont grandement liés. Tout d'abord, comme je m'entraîne énormément, ma disponibilité n'est pas extensible et je veux donner du temps à chacun de mes partenaires pour qu'ils soient autre chose qu'une pièce de vingt centimes dans un porte-monnaie. Je n'ai que cinq sponsors parce que je ne veux pas qu'ils se résument à un cacheton. Je veux que mes partenariats aient une signification. Outre Nike qui me suit depuis mes premiers résultats chez les Juniors, cela a du sens pour moi d'avoir la FDJ, qui fait beaucoup pour accompagner pas mal de sportifs. Avec Mont-Blanc, le lien à la nature – très important dans mon esprit, j'y reviendrai – m'a tout de suite plu. Avec la région Occitanie, où je suis installé depuis douze ans, où je suis désormais licencié, à Montpellier, et où je viens de faire construire ma maison, cela coulait en quelque sorte de source. Et avec Infologic, une société de ma région d'origine, à Valence, ça s'est fait assez vite après avoir rencontré son patron, André Chabert. Je me suis très vite retrouvé à tout lui raconter du décathlon. Pour moi, il n'y a pas mieux qu'un sponsor qui comprenne mon sport. Mes partenariats sont avant tout une affaire d'affect, de feeling. Si le courant passe sur le sujet du décathlon avec un sponsor potentiel, il y a une grande chance pour que ça se termine par une signature de contrat.

Pour partager le décathlon avec les gens, je n'ai rien vécu de mieux que les « Mayer Expérience ». Une idée partie de ce désir de faire connaître ma discipline, de montrer que le décathlon est accessible à tous. On l'a organisée pour la première fois à Saint-Jean-de-Mont en 2018. Quand on a lancé les inscriptions sur mon compte, il nous a fallu moins d'une journée, sans promo, pour que plus de 200 personnes se portent volontaires. C'était une belle surprise. On a adapté les épreuves au sable de la plage et on a passé une journée géniale à courir, passer des petites haies, sauter, lancer... avec des personnes de tous les âges, de 9 à 60 ans. Je l'ai refait avec l'UNSS, le sport scolaire, l'an dernier. Cette fois-là, l'UNSS avait choisi les classes. Il n'y avait donc que des enfants. Top !

J'ai un bon contact avec les enfants. Parmi eux, c'est comme parmi mes proches, je ne suis plus un champion. Passé les premières secondes d'intimidation, quand je vois un peu trop d'admiration dans leurs yeux, je sais que ça va marcher. Je casse la distance. On discute de leurs envies. Je me revois à leur âge. Je me sens redevable de ces échanges-là, j'ai conscience d'avoir un rôle à jouer avec eux et j'y prends beaucoup de plaisir. C'est plus difficile avec les adultes. Ils ont déjà un passé, une expérience qu'ils peuvent vous renvoyer. Les enfants sont désintéressés.

Lors de ces rencontres, les questions qui reviennent le plus tournent autour de la gestion de la pression et de l'enchaînement des efforts. Mais la pression et la douleur créent des sensations énormes sur lesquelles je m'appuie. La chambre d'appel, avant de rentrer en piste, est un kif absolu. Entendre les mouches voler, voir les visages se fermer, c'est une montée d'adrénaline. J'y ai parfois croisé des coureurs de 100 m avant leur finale et cette tension est alors encore plus palpable tellement elle devient épaisse. Moi, ça me met dans un état d'extrasensorialité unique. Je me dis que je ne peux pas le vivre ailleurs et que je dois donc en profiter au maximum. Cet état d'euphorie extrême, certains le recherchent en prenant des substances. Moi, j'ai la chance de pouvoir le connaître grâce à la compétition. Je sens alors que ma vision est meilleure, que mon audition est accrue quand je ferme les yeux, je sens mon cœur battre dans mes oreilles. C'est là que je me sens le plus vivant, ce n'est pas dans les moments faciles. C'est en apprenant à apprécier les moments difficiles que l'on profite le plus de la vie.

Si je vois que les autres n'arrivent pas à profiter de cet état second, ça peut me donner un petit sentiment de supériorité assez plaisant et utile pour repousser mes limites. Ma philosophie de la compétition est qu'il faut se connaître assez pour savoir quand utiliser l'adversité et quand se concentrer sur soi-même. Sur 100 m, si je regarde les autres trop tôt, je vais me relever trop vite et je vais manquer ma course. À l'opposé, en hauteur, voir l'autre passer me mettra la rage pour passer moi aussi. Tout le monde ne fonctionne pas de la même manière. Certains s'isolent complètement, ne regardent pas ce que font les autres et restent dans leur bulle. Dans mon cas, c'est plus variable. J'aime bien l'interaction, me servir de mes adversaires. Il est beaucoup plus aisé de gagner quand ils galèrent, c'est un fait. C'est plus confortable mais pas vraiment plus agréable car ça ne pousse pas au dépassement de soi.

* * *

Pour moi, un décathlon commence un mois avant le jour J. Un mois pendant lequel la pression monte et s'installe en compagnie de l'envie. Parce que tu te dis que tu as bien bossé, que tu as progressé. Alors plein de scénarios s'entrechoquent dans ton cerveau. Tu penses que tu pourrais faire ça en longueur et aussi ça sur 100 m... mais que tu pourrais te rater sur les haies. Et puis tu te demandes : « Et si tu refaisais un zéro en longueur en mordant trois fois comme à Berlin ? » Puis tu l'évacues : « Mais non, tu l'as travaillée, la longueur ! Berlin, c'est fini... ! » « Oui, mais si le disque ceci, et si la perche cela... ? » J'aime assez ça au final. Je me dis qu'on le vit tous, qu'aucun de nous ne peut oublier qu'il a dix épreuves à réaliser et autant de risques de se planter.

Ce qui est beau, dans la compétition, c'est que c'est à toi que revient toujours le rôle de tout créer, en repartant de zéro, indépendamment de tout ce qui a précédé. Tu écris pendant deux jours une histoire que tu t'es inventée depuis un an. Il y a évidemment quelque chose d'ingrat, dans notre discipline, à devoir attendre onze mois pour y goûter à nouveau pleinement. C'est rare et donc précieux. Cela vous oblige à rester très humble. Car vous pouvez être le meilleur du monde, être dans la forme de votre vie, et passer au travers de votre année en un claquement de doigts. Il peut se passer mille choses avant et pendant votre décathlon. C'est pour cela que le statut de favori n'a pas de grande signification. Je l'étais en 2018 avant les Championnats d'Europe à Berlin et j'ai fait zéro en longueur. Je l'étais avant les Championnats du monde à Doha l'an passé et j'ai dû abandonner après sept épreuves, alors que j'étais en tête, parce que j'étais blessé…

Se considérer comme le grand favori d'un décathlon ne peut pas être le bon état d'esprit car cela fait courir le risque de passer à côté de détails. Dans la perspective des Jeux olympiques de Tokyo, je ne compte donc surtout pas me reposer sur mes lauriers pendant ma préparation en me disant que j'ai de la marge sur mes rivaux. Sur un 100 m, Usain Bolt à son meilleur était en droit de se dire que seul un faux départ pouvait lui coûter la médaille. Au décathlon, c'est malheureusement bien plus compliqué que ça. Une marge, même énorme, n'a de sens qu'à la condition de ne pas avoir de pépin physique et de naviguer à travers les aléas de dix épreuves.

L'ordre de ces dix épreuves est immuable : 100 m, longueur, poids, hauteur et 400 m le premier jour, 110 m haies, disque, perche, javelot et 1 500 m le deuxième. Je le trouve tout ce qu'il y a de plus logique. Il s'agit de ne jamais enchaîner deux courses, deux sauts ou deux lancers. La jambe d'impulsion étant la même en hauteur et en longueur, c'est appréciable d'avoir une épreuve entre les deux. Il est normal de commencer par le 100 m, l'épreuve qui nécessite le plus de fraîcheur, le plus d'intensité. Et de finir la première journée par le plus dur, le 400 m, où tu peux donner tout ce qu'il te reste sans réfléchir, puisqu'il n'y a rien derrière. Enfin, rien dans l'immédiat… Car il reste une journée et le plus compliqué est de loin le réveil du deuxième jour, quand tu te dis que tu en as encore autant à faire.

La veille, tu as déjà infligé à ton corps pas mal de contraintes. Sur ses articulations, ses muscles, ses tendons et sa capacité aérobie avec le 400 m, une épreuve qui te met dans une grande détresse lactique, qui te coupe les jambes. Dans le meilleur des cas, c'est-à-dire celui où tu ne souffres pas d'une blessure réelle, une lésion musculaire ou tendineuse, ton corps n'est alors plus que courbatures en tous genres. Sans oublier l'ascenseur émotionnel inévitable, entre joies et contre-performances, qui a tapé dans ton système nerveux. En plus, tu viens de lui offrir le plus grand des bonheurs, à savoir la nuit d'entre les deux jours d'épreuves. Car au soir de la première journée, tu peux t'abandonner à une douce euphorie sans trop penser à la suite. En tout cas, c'est mon cas. Je suis alors gagné par la déconne. Je passe longuement entre les mains des kinés. Sans penser au lendemain. Sauf qu'il vous rattrape.

Au réveil du deuxième jour, le corps n'est pas désireux de remettre ça. C'est là que le cerveau est épatant. Il a mémorisé comment tout va s'enchaîner dans les moindres détails et il prend le relais grâce à sa capacité de résilience incroyable. C'est elle qui vous permet de vous mettre dans les starting-blocks, au départ du 110 m haies, avec l'envie de tout déchirer, guidé par la seule adrénaline. Et cela jusqu'au 1 500 m final, une épreuve que l'on peut redouter avant, mais pas pendant. Au final, je me dis à chaque fois : « Ben tu vois, il n'y avait pas de raison de s'en faire des caisses pendant deux jours ! » Mais c'est dû aussi au sentiment d'accomplissement énorme, à la sensation de plénitude qui te gagne à l'arrivée. Et au partage avec les autres. Quelle que soit ta place, ta performance, tu as fini, tu es allé au bout, c'est une fierté, comme pour la masse des marathoniens qui partagent un truc commun indépendant de leur chrono. C'est pour ça que le décathlon est le seul sport, à ma connaissance, qui se clôt sur un tour d'honneur collectif. C'est une marque de fabrique. Une fierté. Un truc rien à nous que l'on partage avec le public. Un peu comme une troupe d'artistes qui salue la salle ensemble sur scène, à la fin du spectacle. Pendant deux jours, sur la piste, on a évolué d'une rivalité à une fraternité. C'est inévitable car, plus on fatigue et moins on se bat contre les autres mais contre soi-même.

Pendant un décathlon, on essaie toujours d'être dans une forme de gestion de l'effort mais c'est très rare qu'on y parvienne, c'est presque impossible. On est pris dans la compétition, c'est aussi l'essence du sport et ce serait dommage de ne pas vivre l'instant à fond. Par exemple, si tu passes 1,99 m en hauteur et que ça correspond au tableau de marche que tu t'étais fixé, tu te dis immédiatement qu'il est trop tentant d'essayer de passer 2,02 m. D'autant qu'on ne sait jamais si la suite ne fera pas mentir les pronostics. Quel sens cela aurait-il par exemple de se préserver sur le 110 m haies pour lancer ensuite deux fois le disque dans le filet de la cage et assurer une petite performance au dernier essai ? La règle de base est donc de prendre le plus de points possibles dans chaque épreuve à chaque fois qu'ils se présentent. Les calculs tactiques sont vains. Ils tombent toujours à l'eau, parce que tout le monde donne tout pour les faire mentir.

* * *

Le décathlonien intègre forcément la possibilité de l'échec. C'est le prix à payer pour toutes ces sensations qui sont autant de richesses. Même dans la défaite. J'ai rapidement compris tout le travail qu'il y a derrière un exploit sportif et ce petit rien qui le sépare d'un échec. Le sport de très haut niveau se joue à quelques centimètres ou à quelques centièmes. On n'y prend pas toujours la bonne décision mais c'est la racine même du sport. Dans les bons moments comme dans les plus tristes, je retiens d'abord et depuis toujours l'émotion procurée. Même quand il s'agit d'un sportif en larmes à la sortie de la piste, interviewé à chaud face à la caméra. C'est pour ça que je ne refuse jamais cet exercice, même après mon zéro à Berlin ou mon abandon à Doha. Sans que ça me coûte. J'ai l'impression d'apporter autant au public par mes échecs que par mes victoires. Ce partage est fondamental pour le spectateur, qui vit un peu nos perfs par procuration. Et il est fondamental pour moi. Je suis assez philosophe. J'apprends de chaque compétition.

Me livrer après un échec me nourrit énormément. J'ai l'impression de cicatriser beaucoup plus vite. Je pense en fait que c'est plus douloureux pour mes supporters et mes proches. On apporte tellement de joie quand on gagne qu'on est mal quand ça ne marche pas. Eux aussi attendent ça toute l'année et font les sacrifices pour que moi je vive ma passion. J'ai constaté à Doha qu'ils avaient plus de regret et de déception que moi. Moi, je l'assume, je le vis, je fais ce que j'aime. Mais eux ? Leur impuissance est forcément plus douloureuse que ma déception. À Doha, à part la nuit qui a suivi, où j'ai eu beaucoup de mal à dormir, je n'ai eu aucune déprime. Dès le lendemain, je boitais comme un éclopé mais j'étais un homme heureux, souriant. Je n'ai pas beaucoup de certitudes mais je peux vous affirmer aujourd'hui avec fierté que, quoi qu'il arrive, je sais que le sport ne me gâchera jamais la vie.

4

LA TECHNIQUE, TU TRAVAILLERAS

J'entends souvent dire du décathlonien qu'il est l'un des sportifs les mieux taillés. Je n'aurais sûrement pas cette prétention. Mais je crois comprendre ce qu'on veut dire par là. Il a assurément de bonnes cuisses et des gros bras, il est polyvalent et coordonné par nature, plutôt puissant et résistant par obligation. De là, on pourrait donc déduire qu'il a le bras nécessaire pour envoyer des missiles au hand ou au volley, la détente pour dunker au basket, l'impact pour percuter au rugby… et les pieds carrés pour jouer au foot si l'on prend mon cas personnel. On pourrait dire tout ça puisque ce n'est pas complètement faux. Mais ça ne voudrait pas dire grand-chose non plus. Tout dépend du niveau de pratique que l'on veut atteindre dans son sport. En sport, le niveau est quelque chose de très relatif. Moi, je me débrouillais plutôt bien dans toutes les disciplines sportives quand j'étais jeune. Et aujourd'hui, je suis moyen partout si on me compare à l'élite mondiale de chacune des disciplines que je pratique. On ne peut pas se contenter de généralités, il faut y regarder de plus près.

Tout d'abord, ce serait faire injure aux meilleurs joueurs de hand, de basket ou de rugby de dire que certains décathloniens pourraient faire aussi bien qu'eux. Et vice versa, c'est tout aussi important de le préciser. Le plus rapide des footballeurs US ne peut pas s'approcher des chronos de Christian Coleman, le champion du monde américain du 100 m, sur un 40 yards (36,50 m), la distance étalon de leur sport. Le basketteur avec la détente la plus impressionnante du monde sautera toujours moins haut que Mutaz Barshim, le champion du monde de la hauteur. Et aucune star du hand ou du baseball ne lancera un javelot plus loin que Jan Zelezny, le recordman du monde.

Pour prendre un exemple très français, il ne faut pas oublier que Kylian Mbappé se ferait battre par notre recordman d'Europe Jimmy

Vicaut (9"86) sur 100 m. Ce qui est sûr, quand je le regarde, c'est que Kylian a quelque chose de spécial dans sa façon de courir. Il a des aptitudes athlétiques pour sprinter que les autres footballeurs n'ont pas forcément. Mais courir avec ou sans ballon, sur 40 m ou 100 m, sur une pelouse avec des changements de direction ou dans un couloir en synthétique... sont des choses très différentes. Les comparaisons qu'on lit beaucoup sur les réseaux n'ont souvent pas de sens. Dès qu'un sportif présente des dispositions athlétiques hors normes pour son sport, on voudrait qu'il rivalise avec les meilleurs de l'athlétisme. C'est assez flatteur pour notre sport, car on voit bien que c'est la référence. Mais il ne faut pas oublier la dimension extrêmement technique de chaque sport.

Il y a cent ans, Jim Thorpe a pu avoir de multiples carrières, du décathlon au foot US en passant par le baseball. Mais Usain Bolt n'est pas devenu footballeur alors qu'il en rêvait. Réussir une reconversion d'un sport à un autre est de plus en plus difficile aujourd'hui, ce qui en fait des exploits d'autant plus magnifiques, car le sport s'est énormément professionnalisé et que les marges de progression se sont rétrécies. Mais je pense qu'il reste beaucoup à faire dans le décathlon. J'ai 28 ans, Ashton Eaton a pris sa retraite à 28 ans, mais j'ai l'impression d'être loin de la mienne. Je ne me lasse absolument pas de mon sport car j'ai la sensation d'être encore loin d'en avoir fini avec lui. Dans son développement, dans la recherche de la performance, dans sa professionnalisation en quelque sorte, le décathlon est une discipline encore jeune, qui a pris un certain retard par rapport à d'autres. C'est une question d'approche technique.

* * *

Comment approcher le décathlon ? Être spécialiste des dix épreuves, le prendre comme une seule épreuve ou les deux ? Je trouve en fait important de prendre le décathlon comme un tout avant la compétition. Mais je pense qu'une fois en compétition, le plus important est de vivre le moment présent, avec les gens présents. C'est essentiel pour ne pas ressentir le poids des épreuves précédentes ou à venir. La fatigue grandissant au fil des deux jours d'épreuves, on se bat avec soi-même, la performance n'a plus rien d'absolue, elle devient relative et fonction de ce qu'il vous reste de fraîcheur et de carburant. On peut trouver cela frustrant car on ne peut pas exprimer ses qualités à leur meilleur. Mais pour m'en approcher, je m'en remets à la maîtrise technique. Car à la fin, pour aller loin, vite ou haut, il ne reste guère plus que l'intention et le geste.

Je pourrais être parmi les meilleurs aux Championnats de France dans pas mal d'épreuves. J'ai même fini 4e l'an passé sur 110 m haies, une discipline où la France est plutôt forte. Mais il ne faut pas se tromper, aucun décathlonien ne sera jamais en même temps Usain Bolt sur 100 m, Mondo Duplantis à la perche et Jan Zelezny au javelot. Même s'il ne faut jamais dire jamais… Il semble aussi aujourd'hui très difficile de croire qu'un athlète puisse un jour remporter les dix épreuves d'un décathlon. J'en ai gagné huit sur dix lors de mon record du monde mais je n'étais pas opposé à Talence aux meilleurs mondiaux au meilleur de leur forme. Quand j'ai été champion du monde à Londres en 2017, je n'ai gagné aucune des dix épreuves. Aux JO de Rio, Ashton Eaton ne s'était imposé que sur deux d'entre elles (longueur et 400 m), comme moi (poids et perche), comme le Canadien Damian Warner qui avait fini 3e (100 m et 110 m haies)…

Bref, le décathlonien ne peut être aussi bon que le meilleur spécialiste du monde dans son épreuve parce qu'il en travaille neuf de plus que lui alors qu'il dispose du même temps de préparation. Le spécialiste progresse donc forcément beaucoup plus vite. Pour nous, c'est comme une course contre la montre. On est obligé de prendre des raccourcis pour trouver des similitudes entre les épreuves. C'est assez compliqué parce que c'est très éprouvant pour le corps, avec aussi dix fois plus de chances de se blesser.

Je vous donne un exemple. J'étais fort en hauteur, jeune. Champion de France cadets, je passais 2,10 m en juniors 1re année. Eh bien je ne suis jamais allé plus haut depuis à cause de mon genou. Lors d'un exercice, en 2015, départ face à la barre, impulsion sur mes deux jambes, avec des pointes, il y a eu blocage et torsion de mon genou, qui a craqué. Seul le tendon rotulien a été touché. Le genou avait énormément enflé mais sans hématome. C'était juste le liquide synovial qui s'était mis en protection car les os s'étaient probablement frottés. Depuis, il n'y a pas eu une année sans que je galère. Du coup, je ne travaille presque jamais la hauteur à l'entraînement. C'est une frustration de me dire que j'aurais peut-être pu passer 2,15 m, voire 2,20 m, et que j'ai progressé énormément partout, sauf là. Mais avec dix disciplines, il me reste de quoi m'occuper. Et puis ce n'est pas si désagréable de se dire que, quoi qu'il arrive, je passerai toujours 2 m.

Il est impossible d'envisager une carrière, ni même un décathlon, sans bobos, sans douleurs. Mais meilleure sera la technique, meilleure sera la chance de s'en préserver et meilleure sera la perf. J'essaie tellement d'approfondir chacune de mes épreuves que ça me rend peut-être un peu à part dans mon sport. J'ai globalement souvent trouvé les décathloniens un peu trop « bourrins », manquant de finesse technique. Ça se voit particulièrement aux lancers, à la perche ou sur les haies. C'est clairement sur ma réflexion technique plus poussée que j'ai pu faire la différence. Car je n'ai pas le choix. Je suis convaincu que, avec mon approche et de meilleures aptitudes que moi, quelqu'un aurait pu faire mieux que mon record du monde depuis longtemps.

Quand j'avais rencontré Ashton Eaton lors d'un stage organisé par la FFA à Santa Barbara, en Californie, avant les Championnats d'Europe de 2014, on avait échangé sur son approche. Il m'avait dit qu'il préférait être à 100 % de sa forme avec 80 % d'entraînement que l'inverse. Ça me parlait, je pensais comme lui. J'en voyais qui faisaient dix mille répétitions au poids avant d'aller enchaîner avec trois autres épreuves dans la même journée d'entraînement et je trouvais ça trop long, trop risqué au regard des blessures. Mais je pensais qu'on n'avait pas vraiment le choix, que c'était un peu notre croix à nous, les décathloniens. J'en ai parlé à mon coach et nous avons évolué avec cette idée. Mais cela suppose d'importantes facilités d'apprentissage et Ashton était un surdoué. Dans certaines disciplines, il pouvait rivaliser avec les meilleurs du monde. Il sautait 8,23 m en longueur et courait le 110 m haies en 13"35 ! C'est pareil avec le Canadien Damian Warner, peut-être mon plus grand rival aujourd'hui. Il a un record à 13"27 sur 110 m haies, le record du Canada, et il a couru le 100 m en 10"12 en 2019, un record du monde dans un décathlon ! Sauf qu'ils ont de gros trous, de gros points faibles, particulièrement dans les lancers.

Beaucoup de décathloniens ont une approche très pragmatique en fonction de leurs points forts. Ils se reposent dessus mais c'est assez risqué en cas d'imprévu, de faute technique, de passage à vide, de coup de vent… Moi, mon profil

SON **ENFANCE**

Avec sa mère, à Bormes-les-Mimosas, vacances de la Toussaint 1992.

La piscine à Jouy-le-Moutier où son père était maître-nageur, décembre 1994.

Taverny, juin 1993. L'époque des matchs de tennis par équipe de sa mère : toujours une raquette et une balle à la main pour faire comme les grands.

Petit déjeuner au Portugal, entouré de ses frères et de son père, vacances de Pâques 1999.

Grande randonnée, en Ariège, chez son oncle, été 1994.

Concours de saut en longueur improvisé avec ses frères, lors du creusement de la piscine dans le jardin de la maison familiale. La Roche-de-Glun, mars 2002.

Kevin et Thomas,
en Sardaigne, été 2000.

Victoire au cross de l'école organisé par son père, autour du bassin des Musards de La Roche-de-Glun. Classe de CE2, septembre 2000.

Passage de la flèche avec l'ESF Risoul, vacances de Noël 2004.

Match par équipe au Tennis club de La Roche-de-Glun, avec Théo, un ami d'enfance, décembre 2001.

École de rugby de Tournon-sur-Rhône, année 2000. Kevin occupait le poste d'ailier.

Randonée en famille, ici avec ses frères. Août 2003, les Pyrénées en camping car.

Des heures et des heures passées au snowpark de Risoul, vacances de Noël 2004.

de départ n'était pas terrible. Ma discipline de prédilection était le demi-fond et c'est la moins importante du décathlon. J'étais naturellement à l'aise en hauteur et au javelot mais très lent en sprint. J'ai vite pigé les haies mais j'ai mis beaucoup de temps à saisir le disque et le poids. Bref, je ne faisais rien de fou nulle part et j'avais pas mal de lacunes. Mon idée était donc de les combler en progressant partout avec cette philosophie en tête : le décathlonien est fort quand il n'a aucun point faible. Mes médailles et mon record prouvent que ne pas en avoir fait marquer des points. Je dis bien « marquer des points » et non pas « perdre moins de points ». C'est une démarche plus exigeante.

* * *

Être perfectionniste est à la fois mon plus gros défaut et ma plus grosse qualité. Il n'y a pas un moment où je ne me remets pas en question. Ma quête du geste le plus juste passe par l'analyse de vidéos. J'en bouffe énormément. Pendant des heures et des heures. La vidéo permet d'abord de comparer mon ressenti avec les défauts observés. Et de m'ouvrir à ce qui se fait de mieux.

J'adore comparer mes gestes à ceux des meilleurs spécialistes. Et vous avez peut-être ressenti ça aussi, comme il est toujours impressionnant de constater que les plus grandes performances des plus grands champions semblent faciles, fluides. Quand on ne voit plus tout le boulot qu'il y a derrière. Comme un coup de raquette de Roger Federer. Et c'est ce que je préfère dans le sport. Quand il est léger, évident, c'est beau. Alors je m'en nourris.

Dans mes disciplines, ce sera les meilleurs sauts du Cubain Ivan Pedroso en longueur, ceux qu'il a mordus à plus de 9 m, si proches de la perfection pour un athlète au gabarit normal. Il n'y a aucun blocage, ça coule de source. C'est pareil avec Stefan Holm en hauteur, le plus petit gabarit de tous les hommes ayant franchi plus de 2,40 m grâce à une détente et une justesse technique fantastiques. Au javelot, ça sera Jan Zelezny, l'éternelle référence dont personne ne s'approche depuis vingt ans. Au poids, je visionne plutôt l'Allemand David Storl car il fait partie des rares qui lancent encore en translation comme moi, c'est-à-dire en avançant latéralement et non en rotation, quand on tourne sur soi-même. Sur les haies, c'est le recordman du monde Aries Merritt. Il est incroyable dans sa manière de gober les haies avec une vitesse gestuelle stupéfiante.

J'ai évidemment conscience qu'il faut adapter la technique à chaque personne. On ne peut pas tous courir, sauter ou lancer de la même manière. Il y a des contraintes physiologiques propres à chacun mais on retrouve des points techniques communs essentiels aux meilleurs de chaque spécialité. Il y a donc toujours des détails et des intentions à prendre chez eux. Et il y a énormément à gagner à partager des séances avec eux. J'adore m'entraîner avec des athlètes qui me sont supérieurs. Partager avec quelqu'un qui en sait beaucoup plus que vous est stimulant et vous fait gagner beaucoup de temps. Ça m'arrive assez régulièrement. J'ai fait des haies avec Pascal Martinot-Lagarde ou Andrew Pozzi, le compagnon de Katarina Johnson-Thompson. J'ai fait de la perche avec Renaud Lavillenie et j'en referai. Comme pour Barshim ou Pedroso, les meilleurs sauts de Renaud donnent cette impression d'une absence totale de temps d'arrêt, sa perche devient un prolongement de lui-même, comme s'il lui dictait ce qu'il veut qu'elle fasse et qu'elle l'écoutait. Il n'en est jamais victime.

Pour le disque, c'est simple, Mélina Robert-Michon est mon exemple. Mélina travaille à Lyon avec Jérôme Simian, le même préparateur physique que moi. Sa longévité est exemplaire. À 40 ans, après deux grossesses, elle a disputé à Tokyo ses sixièmes JO ! Sa persévérance prouve aussi combien le travail paye. Elle n'avait pas réussi à entrer en finale aux Jeux de 2000 et 2004, elle a fini 7e en 2008, 5e en 2012 et finalement médaillée d'argent à ceux de Rio. Elle y est parvenue en travaillant sans relâche sa technique et son physique. C'est à son contact que j'ai passé la barre des 50 m, un véritable cap au disque. Ce que je retiens avant tout de sa technique, qui fonctionne comme l'un des principes de base de tous les lancers, et de toutes les disciplines d'ailleurs, c'est sa façon de faire avancer son bassin.

* * *

Il faut que j'essaie de vous expliquer cette biomécanique simplement. Pour lancer loin, l'idée est de créer un retard de l'action du haut du corps par rapport à celle du bas du corps, comme créer de l'élasticité dans le corps pour que l'engin soit expulsé avec plus d'énergie et de vitesse. Un peu comme quand on lance une pierre avec une fronde. Le plus important dans le bras n'est pas sa force mais sa vitesse. Cette vitesse est générée par le temps de retard du bras sur le bassin mais aussi par le temps de retard du bassin sur les pieds… C'est comme l'haltérophile qui projette la barre en l'air en vitesse pour glisser son corps dessous et la remonter à l'aide des jambes depuis une position accroupie. Tout est soulevé avec les jambes et non avec les bras. Pour décupler cette vitesse, les discoboles, comme les spécialistes de marteau et désormais la plupart des meilleurs au poids, lancent en rotation. Ils tournent sur eux-mêmes en faisant avancer leur bassin avant de lâcher leur engin.

Ce n'est déjà pas simple à la lecture, alors imaginez ce que ça donne quand on essaie de le mettre en application. Car il y a une donnée que tout le monde peut facilement comprendre, c'est la perte de repères qui accompagne la rotation. Il y a un moment où le regard ne peut plus suivre. On part de dos à l'aire de lancer et on tourne sur soi-même comme une danseuse en cage et cette cage a juste une petite ouverture par laquelle il faut lancer. Bref, c'est un apprentissage long.

En tout cas, ça l'a été pour moi. Pour toutes ces raisons, le disque fait partie de ce qu'on appelle « les épreuves à risque » dans le décathlon. Le risque, c'est celui du zéro.

Si votre maîtrise du geste n'est pas suffisante, vous pouvez vite faire trois fautes, c'est-à-dire votre nombre d'essais. Par perte d'équilibre, ça peut être votre pied qui mord dans l'aire de lancer, car il n'y a pas de butoir contre lequel l'appuyer. Ou, par manque de synchronisation, votre disque peut rester dans les filets de protection car vous n'êtes pas assez patient avant de le lâcher. Aux JO de Rio, comme aux Mondiaux de Londres un an plus tard, j'ai mordu mon premier essai et c'était terrible. Le soulagement a été énorme quand j'ai vu partir mes disques à 46 m et 47 m aux deuxièmes.

C'est pour ne pas m'ajouter ce risque de l'aléa que je ne lance pas le poids en rotation. Mais en partant de dos à l'aire de lancer et en finissant de face, vous avez quand même un demi-tour pour créer un effet catapulte et j'y arrive plutôt bien. J'ai énormément progressé techniquement et je suis actuellement le meilleur décathlonien au monde poids en main. Je pense que mes camarades devraient mieux comprendre le geste pour lancer moins et plus juste. Il m'arrive de ne faire que trois jets à l'entraînement parce qu'on a analysé le truc et repéré mes manques. Un poids, c'est lourd, 7,250 kg, mais quand tu progresses, que tu maîtrises, c'est hallucinant le plaisir que tu prends à voir partir ce boulet à 17 m. Il paraît tout léger. C'est un sentiment de puissance, une de mes sensations favorites.

Le dernier des trois lancers, c'est le javelot. À la différence des deux autres, il n'y a pas de rotation. Mais il repose aussi sur le retard qu'il faut imposer au haut du corps pour que le bras ait cet effet de fronde. C'est très fin. Si tu anticipes d'un rien le haut du corps au lieu de le retarder, le résultat est encore plus catastrophique que pour les autres lancers. C'est l'un des gestes les plus compliqués de notre sport. Certains ne parviennent jamais à l'acquérir. Et je comprends leur galère quand j'essaie de lancer, rien que pour voir, avec mon bras gauche. En tout cas, je catapulte cette tige à plus de 70 m et j'adore ça. C'est mettre toutes les forces dans la même direction, comme si le javelot partait dans un tube sans qu'il n'en touche jamais la paroi. Et tu ne vois qu'une pointe vibrer dans le ciel. Pour moi, c'est un geste naturel, c'est l'instinct du chasseur, c'est toute mon enfance à lancer des cailloux dans les rivières.

Sur nos dix épreuves, j'estime qu'il y en a quatre, presque la moitié, où le risque d'un zéro pointé est réel. Outre le disque, il y a aussi le 110 m haies, la perche et la longueur. Les haies sont l'épreuve que je redoute le plus. Sur une échelle de 10 de l'aléa athlétique, elle se situe à 10. D'abord parce que, comme pour toute course, on ne choisit pas le moment de s'élancer, on vous donne le départ. Ensuite, première épreuve de la deuxième journée, elle va en donner le ton et la pression est importante. Enfin, surtout, il y a dix obstacles et autant de risques de taper et de chuter. Plus vous frôlez la haie, plus vous risquez de la toucher et d'y laisser des centièmes. Plus vous vous élevez au-dessus et plus vous vous affaissez à la réception et plus votre bassin fait de chemin et plus vous perdez du temps aussi.

Les contraintes du 110 m haies sont multiples et nécessitent de l'adaptation. Il y a 13,72 m (45 pieds) entre la ligne de départ et la première haie. Je suis passé de huit à sept foulées, comme tous les meilleurs désormais, pour la franchir plus vite, avec plus d'engagement. Puis il y a 9,14 m (30 pieds) entre chaque haie. Il n'y a pas d'autre choix que de les parcourir en trois foulées, donc quatre appuis, quel que soit votre gabarit. Avec une de moins ou de plus, il faudrait changer de jambe d'appui à chaque franchissement. Avec deux de plus, on piétinerait beaucoup trop. À vous d'adapter votre foulée. Les haies mesurent 1,06 m (3,5 pieds) mais il faut les avaler comme si elles étaient basses. Au total, c'est celui qui perdra le moins de temps au-dessus de l'obstacle, dont le bassin restera le plus rectiligne et dont le cycle de foulées sera le plus véloce qui ira le plus vite. C'est un condensé de vitesse gestuelle qui autorise peu de fautes techniques.

Autant le 110 m haies est une affaire d'adaptation, autant le 100 m est de l'expression pure. Première épreuve du décathlon, il est du coup l'objet de la plus grosse libération d'énergie. On tournait en cage depuis des semaines et on libère soudainement les chevaux. Et comme c'est animal, tu rugis. Car le sprint est le sport le plus primitif que je connaisse. C'est pour ça que c'est bon. Je trouve que certains coaches le compliquent un peu alors que c'est inné chez nous. Depuis des millénaires, l'homme a toujours sprinté, soit pour fuir des bêtes plus grosses que lui, soit pour en attraper des plus faciles. L'idée technique est simple en fait et je m'y range quand je débranche tout le reste de mon cerveau : exploser le sol autant que je peux dans la direction opposée à celle où je veux aller en gardant le front le plus proche de celui-ci.

Je mets environ 42 foulées pour faire les 100 m, comme les spécialistes. Pour cela, j'ai travaillé l'amplitude de ma foulée, sa souplesse, pour envoyer le talon loin derrière et envoyer le genou loin devant. Un cycle de jambes à réaliser avec un maximum de vitesse gestuelle puisque la vitesse du sprinteur, c'est une formule mathématique simple : l'amplitude de la foulée multipliée par sa fréquence. Comme on part arrêté et accroupi, il faut générer une vitesse initiale dès les premiers appuis et il y a une logique biomécanique à le faire en se relevant progressivement. Attention : pour se jeter vers l'avant, il faut vraiment générer de la vitesse, sinon vous tombez le nez par terre. Vous pouvez facilement en faire l'expérience dans votre salon, en poussant quelques meubles pour plus de sécurité. Je n'en dirais pas autant pour vous essayer à la perche…

* * *

Après les haies et le disque, la perche vient en numéro 3 sur l'échelle de l'aléa. À noter qu'on attaque la deuxième journée du décathlon pas ces trois disciplines-là. C'est dire si, avec la fatigue grandissante, tout y devient de plus en plus compliqué. À la perche, le coup de bambou physique est assuré. Or, c'est l'épreuve où il y a le plus de paramètres techniques à prendre en compte, entre réglages de la course d'élan, longueur et indices de dureté des perches. D'une certaine manière, c'est la discipline qui s'éloigne le plus de l'athlétisme. Pas besoin d'être le plus fort, d'avoir le plus de capacités athlétiques. Ça se rapproche plus de la gym. Évidemment, courir vite et impulser fort aide à aller haut. Mais on en a vu qui couraient comme des bœufs, qui n'impulsaient pas et qui pourtant allaient à 5,80 m ou 5,90 m parce qu'ils étaient gymnastes.

La perche, pour moi, c'est tout ou rien. Quand tout se passe bien et que je suis sur mes marques, c'est facile, du pur plaisir, comme à Talence jusqu'à 5,45 m. J'ai un record à 5,60 m, c'est donc l'épreuve où je me rapproche le plus du niveau des spécialistes, où je fais le plus de différences avec mes adversaires. Mais il y a des jours où, quoi que tu fasses, tu retombes sur ta perche. C'est-à-dire que tu montes bien mais que tu n'avances pas suffisamment pour franchir la barre. La difficulté, à la perche, n'est pas d'aller haut dans l'espace mais d'aller haut à un certain point de l'espace, juste au-dessus de la barre.

En plus de tout ça, il y a un syndrome propre à la perche, celui d'une peur qui peut paralyser et qui pousse certains à prendre leur retraite quand elle s'installe. C'est arrivé à de très grands perchistes, notamment le champion olympique 2008 Steve Hooker. Ou, plus récemment, à Kevin Menaldo, l'un des tout meilleurs Français avec qui il m'est arrivé de faire des super séances dans le passé. À la perche, on n'est plus seulement dans le risque de faire zéro, on met son intégrité physique en jeu. Ça peut être très dangereux. Les accidents sont rares, mais ils existent. Contrairement à ce qu'imaginent les gens, le plus effrayant n'est pas le bris de perche. Dans ces cas-là, comme la perche est en grande flexion au moment où elle se casse, l'inertie de votre déplacement vous fera retomber sur le tapis. Vous en serez juste quitte pour une petite frayeur, la tête en bas, sans plus aucun repère, pendant un centième de seconde.

Le risque est plutôt de retomber à côté du tapis, comme c'est arrivé à Valentin Lavillenie, le frère de Renaud, en 2018. Il s'est explosé la cheville à la réception. Il a des vis dedans depuis... ce qui ne l'a d'ailleurs pas empêché de finir 6e aux Mondiaux de Doha l'an passé. Preuve qu'à la perche il faut un grain de folie. Avec ce qu'on appelle des petites perches, c'est-à-dire pas très longues et assez souples, tu es en sécurité car tu es sûr de plier la perche même en courant à 80 %. Et son renvoi ne te fera pas monter très haut mais te projettera vers l'avant, donc sur le tapis. Pour aller vraiment haut, par contre, il faut prendre des perches plus dures et plus grandes, donc plus difficiles à plier. Si vous n'avez pas l'engagement nécessaire dans votre course d'élan, vous ne la plierez pas suffisamment et elle risque de vous renvoyer d'où vous venez. C'est ce qu'on appelle « un retour piste » et c'est le pire. C'est comme ça que Renaud Lavillenie s'était ouvert le pied en tentant 6,21 m avec une énorme perche, après avoir battu son record du monde à 6,16 m, il y a quelques années...

Je dois reconnaître que j'ai fait face à ce syndrome de la peur du perchiste l'an passé. C'est quelque chose d'horrible. Tu perds la confiance en toi, en ton coach, car tu t'en remets à lui pour les marques, des marques qui déterminent ta course d'élan... En fait, il n'y a pas le droit au doute. On ne peut pas s'exprimer à 100 % avec une part d'hésitation le jour où l'on prend une perche qui nécessite 100 % d'intensité. Ma blessure aux tendons, à Doha, m'a empêché de pouvoir courir suffisamment vite pour sauter. Car c'est la vitesse de course qui crée l'énergie horizontale que vous transformez ensuite en énergie verticale via la perche. Ça m'a obligé à abandonner alors que je menais. Mais le point positif est que ça m'a aussi privé de sauts pendant de longs mois et que ça m'aidera à repartir sur de nouvelles bases, en retrouvant l'aspect ludique de la discipline. Je ne suis pas inquiet car, à la base, j'adore le saut à la perche. C'est fun de se projeter en l'air. Par le passé, cette discipline m'a rapporté énormément de points... mais aussi mis parfois en galère, comme aux Mondiaux de Londres, en 2017. Je n'ai passé ma seule barre qu'au troisième essai, frôlant le zéro. À quoi ça tient, un titre mondial...

* * *

Si on prenait un laser pour définir son point le plus haut, sans avoir à se soucier de franchir une barre, la perche serait un exercice très facile. Mais ce ne serait plus le même sport. Le geste athlétique n'est pas qu'une expression pure, il est contraint par des marques, il n'existe pas dans l'absolu. Il ne s'exprime que grâce à la technique. Avec la technologie actuelle, on pourrait imaginer mesurer les sauts en longueur dans l'absolu, avec impulsion libre. Mais j'aime bien cette idée de planche, cette contrainte vous comprime. Or c'est la compression qui crée l'impulsion, comme lorsqu'on écrase un ressort. Si je n'avais pas cette contrainte, je m'en créerais une autre. Ce serait probablement la fosse du bac à sable. On risquerait alors de graves blessures aux chevilles quand on mord et il faudrait rallonger les fosses pour ne pas retomber au-delà…

Le saut en longueur est la quatrième discipline au risque élevé sur l'échelle de l'aléa. J'ai connu deux zéros en longueur, lors des championnats d'Europe 2012 et 2018. Lors du dernier, à Berlin, j'étais ultrafavori et les gens n'ont pas compris que je n'assure pas un saut. J'ai pourtant essayé. Mais, comme pour la peur du perchiste, il faut avoir fait de la longueur pour comprendre qu'on peut échouer parce qu'on est en trop grande forme. À Berlin, ce jour-là, j'allais tellement vite, plus vite que jamais, que je n'ai juste pas trouvé la solution dans mes repères, même en changeant mes marques entre chaque essai.

N'oubliez pas que, du haut des tribunes ou devant votre télé, vous ne voyez pas la même chose que nous. C'est une histoire de géométrie et d'angles des caméras, beaucoup plus obtus que celui de notre regard. La planche fait 20 cm de large, la bande de plasticine, une sorte de pâte à modeler, à ne pas mordre ne mesure, elle, pas plus de 1 cm. Or je prends 40 m d'élan. Après, c'est le théorème de Pythagore : si vous mesurez 1,80 m-1,85 m, vous devinez au mieux un trait blanc pour la planche. Et puis, de toute façon, regarder la planche est une erreur technique. Il faut regarder droit devant. Ne reste que la vision périphérique pour s'ajuster à la fin de façon marginale. Et encore. La moindre réflexion est toxique à l'expression. Elle envoie des informations qui rallongent le temps de réalisation du geste. En général, réfléchir encourage l'athlète à allonger sa foulée. Et donc à mordre.

Bref, il s'agit de régler parfaitement sa course d'élan car, quand vous arrivez plein pot, après seize foulées d'accélération, à pas loin de 40 km/h, l'adaptation de dernière minute est quasi impossible. À l'échauffement, je place une marque de passage pour mes six derniers appuis, à 14,50 m de la planche. Ensuite j'en mets une deuxième correspondant au début de mon élan réel et une troisième pour mon pré-élan, qui va me permettre de ne pas partir arrêté et de générer plus de vitesse. Mon coach regarde donc ma marque de passage sur mes courses d'échauffement, et on l'avance ou on la recule en fonction de ma forme. Mais on sait qu'en compétition il y a une décharge d'adrénaline énorme qui fausse ces marques et qu'il faut donc reculer d'au moins un ou deux pieds.

Sauf que l'on n'a pas les mêmes sensations d'une compétition à une autre. Aux derniers Championnats du monde à Doha, je n'étais pas bien et je suis donc resté loin de la planche. À Berlin, à l'opposé, j'avais des sensations tellement énormes que je n'ai pas pu me créer une nouvelle approche. D'une certaine manière, ma forme générait une nouvelle course d'élan qui aurait nécessité que je reparte de zéro techniquement. Or un décathlon, c'est de l'horlogerie.

5

TON CORPS, TU AMÉLIORERAS

J'ai repoussé beaucoup d'offres et je suis certainement passé à côté de grosses opportunités en refusant de poser nu. Mais je n'ai aucun regret. Ni blocage, d'ailleurs. En vérité, je poste pas mal de photos de moi torse nu sur les réseaux sociaux. Mais je le fais parce qu'elles sont prises dans un contexte particulier, parce que je suis à l'entraînement et que j'ai chaud, parce que j'adore la sensation du soleil sur ma peau et que j'ai besoin de vitamine D, ou que j'ai envie de bronzer, tout simplement. On insiste souvent beaucoup sur la plastique des sportifs. On les résume beaucoup à ça, comme s'ils n'avaient rien à dire d'intéressant dans le fond. Moi, j'avais envie qu'on me regarde moins et qu'on m'écoute plus. Pour cela, il fallait probablement que j'arrête de poser torse nu.

Je n'ai pas d'avis sur mes abdominaux et ils n'ont pas grand intérêt, juste le potentiel de parasiter les réflexions dont j'ai envie de faire part. Après tout, mon corps, les gens le voient déjà beaucoup car je fais de l'athlé, un sport d'été qu'on ne pratique pas en combinaison de ski mais en short-t-shirt, un T-shirt qu'on enlève déjà très souvent sur un stade pour se sécher ou en changer...

Le fait est que je considère de moins en moins mon corps comme un outil de séduction et de plus en plus comme mon outil de travail. De moins en moins comme quelque chose d'esthétique et de plus en plus comme une machine. C'est de ça que je veux vous parler, de cette machine très capricieuse et très compliquée que je continue d'apprendre à contrôler. Car j'estime ne pas avoir un corps parfait. À partir du moment où je fais tout pour qu'il aille bien – or je crois vraiment tout faire ces dernières années pour cela – mais qu'il me trahit avec des blessures, on peut dire qu'il n'est pas parfait. Et que la science n'est pas plus exacte que ne l'est mon sport. Plus je repousse les limites de mon corps et plus je constate qu'il en a. Je pourrais faire quatre décathlons par an à 8 000 points sans trop de conséquences physiques. Mais à mon degré d'exigence, autour des 9 000 points, chaque décathlon est un Everest. Une montagne de contraintes physiques qui mènent parfois à la blessure. C'est le prix à payer.

* * *

L'histoire que j'ai avec mon corps d'athlète, je la vois comme celle de vases communicants. Quand on en remplit un, un autre se vide. Au départ, gamin, j'étais résistant, j'avais un gros moteur. En athlé, mon point fort était le demi-fond. La natation avait développé ma caisse et je pouvais aligner les longueurs en piscine sans problème. Autant de traits physiologiques pratiquement sans intérêt pour le décathlon. Ou plutôt si, mais pour une seule épreuve, la dernière, le 1 500 m. Le décathlonien n'est pas un coureur de demi-fond naturel. Il est beaucoup trop lourd, il ne travaille pas l'exercice à l'entraînement, il cherche le bon rythme, il n'a pas la bonne foulée, il galère, il souffre. Il ne peut pas en être autrement.

Si vous faites un graphique avec chacune des dix épreuves du décathlon sur l'axe des abscisses et votre progression en termes de performances sur l'axe des ordonnées, vous aurez un diagramme avec dix piles qui augmentent indépendamment les unes des autres en fonction du travail technique que vous effectuez pour chacune d'elles. Chaque semaine, j'essaie de travailler le plus possible d'épreuves pour ne pas en laisser à l'abandon. Mais vous verrez aussi une tendance globale liée, elle, à votre évolution physiologique. Car pas mal d'épreuves ont des points communs en matière de force et de puissance. En gros, on pourrait dire qu'on recherche avant tout de l'explosivité pour neuf de nos épreuves... et qu'on fait comme on peut quand vient l'heure du 1 500 m.

Je ne travaille donc pas beaucoup l'aérobie mais bien plus ma puissance. Et on voit à quel point je gagne sur 100 m et régresse sur 1 500 m, les deux épreuves les plus opposées. Je pense être le premier décathlonien français à avoir sacrifié à ce point le 1 500 m, car nous sommes en général de très bons coureurs. Gaël Quérin a par exemple réalisé 4'09" à la fin d'un décathlon ! Mais c'est un choix assumé avec mon préparateur Jérôme Simian. C'est lui qui m'a fait prendre conscience de l'importance des gains de puissance et de force et à quel point ils se feraient au détriment de ma résistance. On a la conviction que le meilleur coureur de 1 500 m est rarement le meilleur décathlonien. Voilà donc pourquoi je me transforme depuis des années de demi-fondeur en sprinteur.

Pour comprendre ce choix, il faut se pencher sur les nombreuses passerelles entre les épreuves. Les progrès sur 100 m influent énormément sur ceux en saut en longueur, une discipline qui est au moins aux trois quarts une histoire de vitesse de course d'élan. Assez logiquement, des progrès de vitesse sont également essentiels à vos performances sur 110 m haies et à la perche. Mais pas seulement. Les lancers nécessitent eux aussi des fibres musculaires explosives. Travailler à pousser au sol très fort pour le 100 m m'aide à pousser très fort au sol pour lancer le poids. Et inversement. Cela peut paraître étrange de dire que courir le 100 m et lancer le poids ont des points communs importants mais c'est pourtant vrai. Bien plus que courir 100 m, effort bref et anaérobie où on n'a pas besoin d'oxygéner les muscles, et 1 500 m, effort aérobie où la capacité d'oxygénation est bien plus importante que l'explosivité. Si 100 m et poids sont beaucoup plus comparables que les gens pourraient l'imaginer, c'est parce que la force qu'on a dans les bras est dérisoire par rapport à celle qu'on a dans les jambes. Ce serait une énorme erreur de penser que les meilleurs lancent avec leurs bras. Et ce serait une énorme erreur de leur part de ne pas le faire avec leurs jambes.

* * *

J'ai rencontré Jérôme fin 2013. À cette époque, Romain Barras, champion d'Europe en 2010 du décathlon, mon grand frère dans la discipline, en équipe de France, au CREPS de Montpellier, et désormais membre de la direction technique nationale, avait des problèmes de pubalgie récurrents. Mon coach Bertrand avait donc fait venir Jérôme à Montpellier pour qu'il le voie. On s'est rencontrés, j'ai tout de suite accroché. Je ne suis pas surdoué mais je crois avoir une grande capacité à repérer ceux qui sauront m'entourer. Je pense sincèrement que c'est ce qui me permet aujourd'hui d'avoir cette carrière. La première décision importante que j'ai prise dans ma carrière fut de descendre sur Montpellier pour rejoindre le pôle olympique d'épreuves combinées de la FFA, afin d'être entraîné par Bertrand. La seconde fut de recourir à un comptable, Bruno Vergnes, le père d'un ami d'enfance. Bruno met de l'ordre dans la gestion des factures, des impôts, des comptes. Grâce à lui, je sais que je suis en règle à ce niveau, c'est une grande aide. La troisième décision fut extra-sportive, toujours sous les conseils de Romain Barras, j'ai décidé de travailler avec Delphine Verheyden, avocat du sport, afin qu'elle gère les différents aspects qu'une carrière à haut niveau revêt, comme la gestion de l'image, les partenariats ou encore le domaine juridique. Pour faire simple, Delphine me permet de vivre sereinement de mon sport et de me concentrer à 100 % au décathlon. C'est ensuite que Jérôme a rejoint la team, puis Laurence Dacoury en tant qu'attachée de presse. Et le dernier venu est donc Thomas, mon grand-frère, qui occupe le poste si précieux de « grand frère professionnel ». J'ai tout de suite su que Jérôme savait des choses que les autres ignorent. Certains disent que c'est de la sorcellerie et qu'il est un gourou. C'est faux, c'est un mec qui ne cherche qu'à progresser, hyper ouvert, et qui nous encourage à l'être. Mais probablement qu'il bouscule pas mal d'idées reçues.

J'adore ces personnes qui ne se focalisent pas sur ce qui est connu mais vont plus loin pour créer quelque chose de nouveau, de mieux. Jérôme crée des exercices de musculation. Les créateurs font forcément de l'ombre à d'autres, qui étaient sur le devant de la scène, ou qui avaient des certitudes et vivent mal qu'on remette en cause leurs connaissances ou leur place dominante. Jérôme est comme moi, quelqu'un qui cherche. Ensemble, on doute, on se remet en cause, on se trompe, on l'admet, on cherche, on innove, on avance, on progresse. Et comme il est éclectique, Jérôme est devenu un puits de connaissance. Il m'apprend énormément de choses tous les jours, bien au-delà de l'athlétisme. Il m'envoie plein d'articles, d'expériences scientifiques, sur l'astronomie, la physique, la chimie, la biologie...

À la base, Jérôme Simian est un passionné de sport, joueur de rugby et de foot US, qui s'est découvert une passion pour la préparation physique aux États-Unis. Et comme il a une grande capacité de réflexion, il a développé une vision de la mécanique biologique rare. Je le pense sous-estimé parce qu'il n'a qu'un diplôme de préparateur physique et qu'en France les diplômes sont tout. Mais ses connaissances vont en fait bien au-delà du doctorat. Son credo, c'est le *growth mind set*, un état d'esprit de l'amélioration.

Mélina Robert-Michon travaille avec lui depuis plus de vingt ans et on voit bien qu'elle continue de progresser à quarante ans. Avec lui, la philosophie générale est d'identifier le facteur limitant la performance et de trouver la solution adaptée. Ce facteur limitant peut être physiologique, biomécanique, psychologique... Il faut le voir comme un verrou à faire sauter.

Il y a tout le temps une partie du corps qui limite la progression. Par exemple, on sait qu'en escalade, c'est souvent les doigts qui lâchent. Donc, avant de multiplier les tractions, il faut renforcer les doigts. Jérôme me fait donc faire des tests pour trouver ce qui me limite : mes chevilles, mes genoux, mes hanches ? Si j'ai des hanches très faibles alors que j'ai des quadriceps et des mollets énormes, mon corps ne pourra être performant qu'à hauteur de ce que mes hanches pourront encaisser. Il ne pourra pas utiliser ma puissance de cuisse à 100 % et se calibrera sur mes hanches. C'est le plus petit dénominateur commun. Il s'agit donc de faire progresser les points faibles pour profiter au maximum des points forts du corps.

Ensemble, on est repartis du début. D'abord, Jérôme a observé et mesuré tous mes déséquilibres

– et il a travaillé à me rééquilibrer. Ensuite, il a cherché à me faire gagner en amplitude dans ma foulée. Enfin, après deux ans, il m'a fait gagner en force et en puissance. En général, on ne prend pas le temps de faire ça sur la durée, de construire patiemment, alors que prendre les choses dans l'ordre est la seule manière efficace. Le rencontrer a été une grande chance, je suis persuadé que je n'aurais pas fait plus de 8 700 points sans lui. Ce n'est pas un préparateur physique au sens restrictif du rôle. Avec lui, ce n'est jamais : « Plus tu soulèves du lourd, plus tu lanceras loin ! » Il ne fait pas de moi un culturiste. Et il ne découpe pas mon corps de décathlonien en petits morceaux, ce muscle-là pour faire ceci, celui-là pour faire cela. Il le prend comme un tout, qui inclut le cerveau.

Dès le stade embryonnaire, le développement de l'homme s'organise d'abord autour de celui de son système nerveux. Un enfant commence par toucher, puis ses doigts se développent et il attrape des objets, puis il les utilise et ne cesse de progresser. Le corps a une mémoire gestuelle parce que le cerveau est partout, jusqu'au bout des doigts et dans chaque terminaison nerveuse. Prendre le corps comme un tout, ça veut dire le garder harmonieux. Car au décathlon, on utilise toutes les parties du corps dans toutes les épreuves : les épaules quand on court, les jambes quand on lance. On ne peut pas travailler un muscle ou une partie du corps sans se soucier des autres.

Jérôme a donc inventé plein d'exercices, qu'on ne comprend pas forcément au départ mais qui font leur preuve après coup. On utilise des sangles et des bidules, mais rien de délirant, c'est souvent avec son poids de corps. Ils reposent sur cette notion de chaînes, muscles et tendons, qui traversent le corps. Il y a notamment toutes ces séances qu'il appelle « EVPA » pour « excentrique, volontaire, pleine amplitude ». On y crée la tension volontaire de notre propre appareil neuromusculaire et l'aide de la gravité pour y provoquer les changements désirés. Le ciblage étant question de position. Toujours par souci de cibler le facteur limitant, il ne me fait donc pas faire les mêmes exercices pour les deux côtés. Je travaille souvent de façon asymétrique. Dans les EVPA, c'est toi seul qui crées l'intensité. Plus tu en mets, plus c'est efficace, c'est à toi de voir. Mais il faut le faire à fond pour que ce soit efficace. Or moi, par nature, dès que je fais confiance, j'y vais à fond. Et ces exercices ont eu des résultats très rapides sur mon physique.

Pour que vous compreniez tout ce qui précède, je vais prendre un exemple qui résume tout. Quand on a commencé à travailler ensemble avec Jérôme, on a vite compris qu'il fallait me transformer d'un demi-fondeur en sprinteur, ce qui me serait profitable sur beaucoup d'épreuves. Pour cela, il fallait que je gagne énormément en puissance, en puissance relative bien sûr, pas absolue. Car il ne s'agissait pas juste de me faire gagner du muscle. Ça aurait pu suffire pour lancer le poids, mais quand on court et qu'on saute, c'est-à-dire les deux tiers de mes épreuves, il faut également déplacer son poids de corps. Les gains de masse musculaire ne sont donc intéressants que si les gains en puissance leur sont supérieurs. C'est ce qu'on appelle « le rapport poids-puissance ».

Comme tout est enchaîné, après avoir gagné en puissance de cuisses, il m'a fallu très vite travailler mon dos car ma colonne n'était proportionnellement plus assez forte. Elle était devenue un facteur limitant, je ne profitais pas de mes gains lors de mes sprints, je ne poussais pas assez longtemps et je me relevais trop tôt. D'où les EVPA, d'où le fait qu'avec Jérôme un exercice en entraîne toujours un autre. Il est évident que prendre du muscle et donc du poids pourrait devenir un facteur limitant dans d'autres épreuves, telles que le saut en hauteur, puisqu'il faut élever tout le corps au-dessus d'une barre. Pour gagner en masse musculaire en prenant un minimum de poids, il fallait donc que je perde de la masse grasse.

* * *

En sept ans de travail avec Jérôme, je suis passé de 81 kg de poids de corps avec 16 % de masse grasse à 85 kg avec 8 % de masse grasse. J'ai donc pris 4 kg en tout mais plus de 10 kg de muscles. Le taux de masse grasse dont je parle n'est pas une valeur absolue, c'est celui tel que le mesure Jérôme, à partir de quinze plis. Toujours est-il que mon rapport poids-puissance s'est amélioré de façon hallucinante. D'où ma progression rare sur 100 m par exemple. Je pourrais le courir en moins de 10"50 alors que, il y a encore quelques années, descendre sous les 11" me semblait impossible. Toute cette construction n'a pas été seulement biomécanique. Elle a été également physiologique. À partir d'une multitude d'analyses, on a mesuré mes carences et mes intolérances et Jérôme a refait mon éducation diététique.

On peut appeler ça une « paléo-préparation ». Elle peut s'appliquer à tous dans son principe à condition d'en adapter le régime à chacun. Certains, avec d'autres origines, peuvent se nourrir différemment sans qu'il y ait de conséquences pour eux. Et je les envie de pouvoir ingérer beaucoup plus facilement riz et pommes de terre que moi. J'adorerais. Mais moi je suis le lointain héritier des chasseurs-cueilleurs. Mon alimentation se résume essentiellement à viande, poisson, légumes et fruits… mais pas en jus, car ce sont les fibres qui sont importantes. Au départ, il s'agit de ne rien manger qui soit transformé par l'homme. Ensuite, j'ai supprimé les féculents, le sucre tel que dans les gâteaux, puis le fromage…

J'aimais tellement le pain que je pouvais manger une baguette par jour. Sans rien dessus. Mais quand je disais à Jérôme que j'avais des amis décathloniens qui mangeaient ceci ou cela, il me répondait : « Oui, mais quelles sont leurs perfs ? Eux veulent se qualifier pour les Jeux olympiques ; toi, tu veux les gagner. Dois-tu faire la même chose qu'eux ? » Le fait est que ça fait trois ans que je suis ce régime et que j'en vois les bienfaits pour mon corps. Cela m'a permis de fondre, de m'assécher et de moins me blesser. Et je n'ai plus jamais mal au ventre pour avoir mangé quelque chose que mon organisme n'apprécie pas. Beaucoup de gens pensent perdre du poids en faisant du sport. C'est assez peu probable. Le poids est avant tout question d'alimentation, de qualité de l'alimentation et pas tant de sacrifices. Il ne s'agit pas de sombrer dans l'anorexie, ce serait un non-sens car le muscle a au contraire besoin de carburant. C'est de la diététique de pointe.

Soyons clair, je ne m'affame pas. Mais il faut comprendre ce qu'est la sensation de faim. Dans l'absolu, on mange beaucoup trop. Et des aliments néfastes. Quand vous craquez moins, c'est que vous avez enlevé ce qui cause les mauvaises réactions de votre corps. Car il peut créer des dépendances, par exemple au sucre. La faim ressentie le matin en vous levant peut venir du sucre mangé la veille. Cette faim-là, je ne la ressens plus car je ne mange que les choses bonnes pour mon organisme. Je fais confiance à mon corps.

Si certains aliments me restent sur le ventre, et c'était le cas des féculents, je les supprime. Mon corps ne me dit qu'il a faim que lorsqu'il se sent faible. Je pourrais donc me faire deux steaks à 16 heures si c'est ce qu'il veut. Mais je n'ai plus le mal de ventre lié à la faim. Quand je ne m'entraîne pas, il m'arrive parfois de ne pas manger de la journée. Je suis occupé à autre chose. On peut dire que je suis libéré du traditionnel enchaînement petit déj-déjeuner-goûter-dîner hérité d'un mode de vie qui a bien plus à voir avec des signes extérieurs de richesse qu'avec des nécessités physiologiques.

Évidemment, cette hygiène de vie m'impose beaucoup de contraintes. Il faut savoir que j'ai aujourd'hui une vie de moine. Je ne m'autorise plus vraiment d'écart. Si je mange deux morceaux de comté dans le week-end, j'ai mal aux tendons, direct. Mais la récompense est tellement grande, en m'éclatant dans l'athlé comme dans le ressenti de mon corps, que je l'accepte volontiers. Je vous dois quand même un aveu, il m'arrive de craquer. Pour les gaufres et les crêpes de mon père. Ça, j'avoue que j'ai du mal à résister. J'ai trouvé une recette avec de la farine de sarrasin, sans lait, etc., mais ça n'a rien à voir. Mais la contrainte la plus grande, c'est certainement mon entourage qui la subit, à commencer par ma compagne Delphine.

* * *

Avec Delphine, mon projet sportif est devenu un projet partagé. Elle m'accompagne totalement. Je ne serais pas à ce niveau sans elle, tant elle m'allège de certaines exigences. J'ai conscience que ma carrière peut être envahissante pour elle. Quand on se promène, qu'on va au restaurant, qu'on me reconnaît, beaucoup, trop, et qu'elle est là, qu'on ne la voit pas... Je lui impose beaucoup de choses car je vis à 100 % pour le décathlon, jour et nuit. C'est une passion dévorante. Au point qu'il m'arrive de ne pas pouvoir dormir tellement j'y pense. Mais la partie la plus contraignante reste liée pour elle à mon régime alimentaire.

Delphine joue le jeu. Par exemple, elle ne mangera pas devant moi des trucs que je ne peux pas m'autoriser. Elle le fait plus pour moi que pour elle, pour m'accompagner jusqu'aux Jeux. Même si elle est contente de constater que ça l'a fait sécher aussi. On constate quand même en vacances, si on se nourrit mal pendant deux ou trois jours, que notre humeur en prend un sérieux coup et on se dit : « On va peut-être arrêter de déconner, non ? » Je sais que l'exigence de mon régime est « relou », que sans mes objectifs, je ne le ferais peut-être pas. Donc, quand elle n'est pas avec moi, elle s'autorise des choses. C'est une grosse mangeuse et renoncer aux desserts, par exemple, n'est pas facile. Mais quand elle se lâche, elle me le dit, elle ne le fait pas en cachette. Je la laisse libre, bien sûr, mais c'est plaisant qu'elle fasse tout ça avec moi.

Le fait est qu'on se ressemble beaucoup, le genre de personnes à préférer faire des cadeaux plutôt qu'en recevoir. Cela fait de moi, psychologiquement, un sportif imparfait. J'ai beaucoup trop d'empathie pour les autres et je ne suis pas assez autocentré. Or, le sportif de haut niveau doit l'être. Si un de mes proches ne va pas bien, cela génère du stress chez moi. Mes proches sont les premiers à me dire que je devrais plus penser à moi, que ce n'est pas bon pour moi d'être autant dans le don. Ils ont raison. C'est aussi pour ça que j'ai dit à Delphine qu'il fallait absolument qu'elle réalise son truc à elle, qu'elle ne se contente pas seulement de penser aux autres.

Après des années de planche à voile, au plus haut niveau français, elle sentait qu'elle en avait fait le tour et son projet glisse aujourd'hui vers le kitesurf. Elle n'y envisage pas encore le plus haut niveau mondial ou les Jeux olympiques. Mais il y a un très bon club à Montpellier et l'important, c'est qu'elle s'y éclate. J'en suis ravi.

Delphine est impliquée dans ma carrière au point que je mets à profit ses compétences, ses études de kinésithérapeute, dans ma récupération. La « récup » est une donnée importante du haut niveau. Très chronophage. En résumé, je passe peu de temps sur la piste, beaucoup en musculation et énormément en récup. C'est incalculable. Il y a les massages mais pas uniquement. Je peux rester pendant les neuf heures d'un voyage en avion branché à mes électrodes pour mon électrostimulation. Il y a aussi le « FAT Toole », FAT pour « Fascial Abrasion Technique ». C'est une technique qui vient du Canada. Il s'agit de libérer le fascia, c'est-à-dire en gros les tissus qui relient tout et englobent les organes et les viscères, comme des toiles d'araignées extracellulaires et extramusculaires du corps. Pour traiter les douleurs et les raideurs, on place la zone que l'on veut relâcher en étirement et on la frotte avec une espèce de couteau abrasif. Jérôme fait les formations en France. Et Delphine s'est formée. Tout comme elle se forme aussi en acupuncture.

Je trouve la médecine traditionnelle française assez souvent restrictive. Ce n'est pas parce qu'une personne n'a pas un doctorat qu'elle ne peut pas avoir certaines compétences en matière de santé. Je ne jette jamais rien a priori de ce qui peut aider mon corps à mieux récupérer, à mieux fonctionner. Je suis allé rencontrer le docteur Simmler, à Strasbourg, l'un des meilleurs spécialistes en médecine chinoise de France. Je l'ai écouté attentivement, c'était limpide. C'est comme pour un coach, plus son discours est compliqué, moins il en sait. Les meilleurs savent vous expliquer les choses simplement. Le meilleur coach, c'est celui qui a suffisamment bossé pour vous dire juste : « Lève ton genou à ce moment-là et tout va s'arranger. » Et que tout s'arrange effectivement. J'ai donc commencé l'acupuncture avec le docteur Simmler et ça marche très bien. Il a expliqué à Delphine comment faire. Elle l'a filmé, elle m'a piqué devant lui et elle peut me le faire chaque semaine. Ça rendra peut-être fou l'ordre des médecins mais je fais confiance au meilleur spécialiste français qui, lui, lui fait confiance.

* * *

Je suis loin d'être un athlète parfait, tout simplement parce que je n'ai pas un corps parfait. La principale faiblesse de mon corps, ce sont mes tendons. Je souffre depuis des années de mon tendon rotulien. Or quand j'ai mal, je saute mal. Je vous en ai déjà parlé, cela me cause une frustration au saut en hauteur, car je ne peux pas le travailler. Certains pensent que je suis condamné à ne pas y progresser car j'ai pris du poids par rapport à mes années de junior, celles de mon record (2,10 m). En fait, pas mal de décathloniens plus lourds que moi vont plus haut que moi. Et mon propre rapport poids-puissance s'est tellement amélioré que je suis persuadé de pouvoir sauter un jour entre 2,15 m et 2,20 m. À condition de ne plus avoir de douleurs et que mes tendons aillent mieux. Je n'en ai pas totalement abandonné l'idée. On y travaille. Tous azimuts.

On sait que les problèmes de tendons sont liés au foie et à la nourriture. J'ai un foie qui ne fonctionne pas très bien et l'acupuncture doit l'aider. J'ai aussi fait une énorme prise de sang où on a mesuré tout ce qu'il était possible de mesurer, jusqu'aux métaux lourds, et on s'est rendu compte que j'avais énormément de carences. Elles sont à la source de mes maux. J'ai beau faire très attention à ma nourriture, il restait des trucs à améliorer. Le problème est que les nutriments se sont appauvris d'une façon générale. Les légumes ne sont plus assez riches parce que les sols se sont eux-mêmes appauvris. Pareil pour la viande, des animaux nourris de soja venu d'on ne sait où au lieu de leur faire manger de l'herbe, une herbe qui devrait pousser sans pesticides, générateur de perturbations endocriniennes… Il y a dans la nature les mêmes chaînes à respecter que dans le corps, mais j'en reparlerai. En attendant, je suis obligé d'avoir recours à des compléments alimentaires en quantité importante.

L'ironie de l'histoire, c'est qu'à Doha, lors des Championnats du monde, j'ai souffert du tendon rotulien droit et du tendon d'Achille gauche, ce qui m'a contraint à l'abandon. A priori, ces deux problèmes ne sont pas liés. Ou alors très indirectement. Comme sauter en hauteur me manque et que j'impulse très bien de l'autre jambe quand je joue au basket, que je suis capable de dunker jambe gauche, je me suis mis à sauter un peu en hauteur avec l'autre jambe. Avec une technique dégueulasse, j'ai vite passé 1,86 m. C'était plus pour le fun qu'autre chose mais on a alors commencé à envisager un changement de jambe d'appui. C'est peut-être là, en y mettant trop d'intensité, que je me suis blessé au tendon d'Achille gauche. Peut-être…

Mais cela a surtout confirmé que j'ai des tendons fragiles. Les tendons sont par définition un endroit très faiblement vascularisé, ce qui complique leur cicatrisation. J'ai donc fait des injections de PRP, du plasma riche en plaquettes qu'on obtient par centrifugation du sang du patient. Mais on en a pas mal parlé avec Jérôme et on a compris que, pour gagner cette partie, ça se jouerait aussi dans ma tête. Il ne faut jamais oublier que le sommeil est la meilleure des récupérations. Que les massages, les électrodes… c'est bien, mais que rester posé sans rien faire dans un lit, c'est très bien aussi. Or je me suis rendu compte que j'avais un mauvais sommeil. Pour que je dorme mieux, il me fallait régler certains problèmes. Pour être performant, il faut avoir l'esprit libre.

Lors de l'une de mes visites chez lui, à Lyon, ce printemps, je n'ai pas fait de muscu mais j'ai pris une feuille qu'il m'a tendue. Il m'a dit : « Tiens, tu notes tous les problèmes que tu as et tu regardes ceux que tu peux régler maintenant ou pas. Si tu peux les résoudre maintenant, tu le fais maintenant. » Et je les ai résolus en passant plein de coups de fil. À chaque fois que je cochais un truc, ça allait mieux. La liste n'était pas forcément longue mais pas forcément agréable non plus. Il y avait des discussions un peu tendues à avoir. De tous ordres, privés comme professionnels… Le plus gros stress que j'avais tournait probablement autour de la construction de ma maison. Je voulais tellement qu'elle soit la plus belle possible et qu'elle soit terminée le plus vite possible que ça me mettait une pression financière. Alors j'ai abandonné des trucs pour être sûr que, même si je ratais les Jeux olympiques à venir, je puisse la payer. Et si la santé de mon corps pour que je les réussisse était à ce prix ?

6

LA TRICHE, TU COMBATTRAS

Je ne souffre pas tellement du dopage. Quoique… Disons que je n'en souffre pas au quotidien, dans la pratique de mon sport, que ça ne gâche pas mon plaisir de le pratiquer tous les jours, ce qui est essentiel. Mais, de manière épisodique, comme une poussée d'urticaire, ça ressort, ça me démange et ça me rend dingue. Car le dopage parasite ma vie de champion. Il est comme un virus qui contamine les jugements du grand public, un venin qui empoisonne tout, lentement et injustement. L'athlétisme n'est pas le seul sport où sévit le dopage. Mais il est celui où l'on organise le plus de contrôles à travers le monde. Or, quand on cherche, on trouve ! C'est bien sûr positif, sans mauvais jeu de mots, car cela peut rétablir la vérité et mettre un peu de pression sur les tricheurs. Mais c'est également négatif puisque les innocents s'en trouvent malheureusement éclaboussés.

C'est pour ça que les tricheurs me rendent fou ! Leur égoïsme est scandaleux. Ils détruisent l'image de leur sport et volent leurs adversaires, en médailles et en retombées. Je pense que les sanctions ne sont pas assez fortes, ne font pas assez peur. Dans certains cas, pour ceux qui se dopent en toute conscience, je serais pour la suspension à vie. Je sais que la loi actuelle ne le permet pas mais pour eux, quatre ans, c'est insuffisant. Ça te fait juste rater une édition des Jeux olympiques et c'est reparti. On l'a vu avec Justin Gatlin, qui est redevenu champion du monde et médaillé olympique du 100 m après quatre ans de suspension. Peut-être qu'une lutte plus efficace passerait par des sanctions financières et pas seulement sportives. Pas tant pour punir les tricheurs, d'ailleurs, que pour décourager ceux que ça tenterait.

Pour moi, le gars qui se dope, c'est comme le mec qui trompe sa femme et qui dit qu'il est clean. Quelle gloire peut-il retirer de dire qu'il ne la trompe pas ? C'est affaire de conscience. Moi je ne pourrais pas tromper ma copine sans

SA **CARRIÈRE**

Ici lors de la dernière épreuve, le 1 000 m, Kevin remporte l'or à l'octathlon des Championnats du monde d'athlétisme Cadets 2009.

Il décroche l'or lors du décathlon des Championnats du monde d'athlétisme Juniors 2010.

Il termine 15e des JO 2012, avec ici un lancer à 62,41 m au javelot.

Il termine sa première journée du décathlon des JO 2016 avec un record au 400 m, en 48''28.

Soutenu par sa famille qu'il ne quitte pas des yeux, Kevin savoure ce moment après avoir remporté la médaille d'argent du décathlon aux JO 2016 avec 8 834 points, derrière l'Américain Ashton Eaton (8 893 points) et devant le Canadien Damian Warner (8 666 points).

Champion d'Europe Indoor en salle à Belgrade, il devient le nouveau recordman d'Europe de la discipline. Et ce, grâce notamment à un nouveau record à la perche, 5,40 m (ci-dessus) et un 1 000 m bien géré (ci-après).

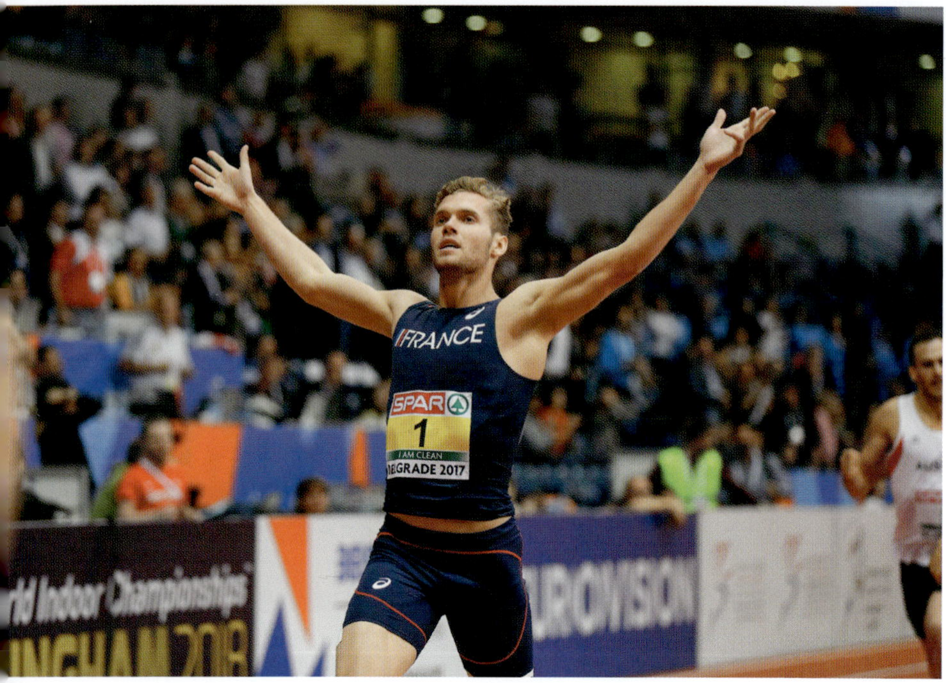

Kevin Mayer devient champion du monde du décathlon à Londres en 2017, après avoir battu son record dès la première épreuve (100 m en 10''70) et un concours de perche chaotique (5,10 m au 3e essai avec une barre effleurée).

Après deux journées intenses passées sur le Stade olympique de Londres, il savoure son sacre mondial entouré de ses proches.

Lors de la dernière épreuve (1 000 m) des Championnats du monde d'athlétisme indoor 2018, le Canadien Warner devait le distancer de 3 secondes mais, aidé par son compatriote Ruben Gado, Kevin ne laissera finalement que 2''70 à son adversaire, ce qui lui permettra de le devancer de 5 petits points seulement !

Champion du monde indoor de l'heptathlon avec 6 348 points, à Birmingham en 2018.

Quelques mois plus tard, il connaît l'élimination après un zéro pointé en longueur lors des Championnats d'Europe de Berlin 2018. En concertation avec son coach, ils décident de ne pas terminer ce décathlon afin de se réserver pour le Décastar 2018 de Talence.

Un an après son record du monde, blessé au tendon d'Achille, Kevin est contraint d'abandonner lors de l'épreuve du saut à la perche aux Mondiaux de Doha 2019.

le lui dire, la regarder tous les jours dans les yeux, savoir que j'ai fait ça et ne pas le lui dire. Je vois le dopage comme une trahison. Je sais que cela a pu en blesser, revenus de suspension, puisqu'ils ont droit à une seconde chance, mais il m'est impossible d'effacer ça. Ils m'ont trahi et blessé. Personnellement, je ne pourrais pas me doper, je me sentirais mal, sale.

Je pense que j'en étais préservé dès le départ par mon éducation car je fais du sport pour les bonnes raisons. Jusqu'au bout de mes ongles et l'extrémité de mes poils. Je ne comprends même pas l'intérêt du dopage, le plaisir que l'on peut en retirer. Ça me dépasse. On me dit que c'est « pour l'argent » ou « pour la gloire ». Voler de l'argent n'est pas dans mon éducation. Quant à la gloire, quelle gloire peut-on revendiquer s'il n'y a pas d'arbitre et que l'on se permet de modifier les règles à son profit ? C'est comme si, au basket, vous aviez le droit de faire quatre pas sans dribbler alors que les autres n'en ont que deux ! Ou d'avoir le droit d'utiliser un escabeau pour dunker ! Tout jeu a ses règles, c'est même la condition de l'équité de départ et du plaisir partagé.

Vous rendez-vous compte de ce que coûte la lutte antidopage ? Au niveau mondial, c'est un budget d'environ 235 millions d'euros annuels. Celui de l'agence française (AFLD) est en gros de 10 millions et celui de l'Unité d'intégrité de la Fédération internationale d'athlétisme de 8 millions ! C'est évidemment insuffisant pour éradiquer le dopage, à supposer que le dopage puisse l'être, ce dont je doute. Ces agences le disent, elles auraient besoin de beaucoup plus pour être plus efficaces. Mais imaginez déjà tout ce qu'on pourrait faire avec cet argent-là, comment on pourrait l'investir, par exemple dans la préparation et la santé des athlètes, ou pour le développement de la pratique du sport chez les jeunes. Certains disent que c'est de l'argent jeté par les fenêtres, que le dopage est inhérent au sport et qu'il vaudrait donc mieux l'autoriser. C'est idiot. Sous prétexte que certains font des excès de vitesse, il faudrait supprimer les limitations de vitesse ? On sait tous très bien, par expérience, que ce sont ces panneaux qui nous incitent à réduire notre vitesse sur la route. Le dopage, c'est la négation même de l'esprit du sport. À tous ceux qui proposent de le légaliser, j'oppose que tant qu'il y aura des gens pour défendre le bien, il n'y a aucune raison pour accepter le mal.

Il ne faut pas oublier que la souffrance n'est pas tant pour moi que pour les gosses. J'ai passé ma jeunesse à entendre autour de moi des grandes personnes dire : « Lui, il gagne ; de toute façon, il est dopé. » Dans la tête de l'enfant, cela devient très rapidement : « Il sera impossible que je fasse quelque chose de grand à l'eau claire, juste en m'entraînant bien. Je ne peux pas réaliser mon rêve sans avoir recours au dopage. » C'est un immense problème d'éducation. Alors quand j'entends des journalistes spécialisés affirmer que le dopage est source d'exploits et que, dans le fond, ils en vivent, je me dis qu'on est là face à un tabou et que personne n'ose prendre la parole pour s'indigner. C'est pour ça que j'ai senti l'an passé que c'était de ma responsabilité. Il ne faut pas croire que c'est de gaieté de cœur que je vais pousser un coup de gueule sur des plateaux de télé. Parler de dopage, ça me saoule, même. Mais personne d'autre que nous, les champions, avec notre renommée, ne pourra se lever pour dire : « Arrêtez vos conneries, on n'est pas tous dopés et on est contre ceux qui le font ! » Martin Fourcade prend aussi régulièrement la parole sur cette question. Je l'en remercie car sa voix porte. De toute façon, si on ne le fait pas, on abdique.

* * *

Sur la perception du dopage, j'ai l'impression de m'être totalement trompé. Peut-être suis-je trop naïf, ou idéaliste... Je ne sais pas si c'est un problème de culture française, j'imagine que ça doit exister ailleurs, mais il y a chez nous cette petite musique qui revient comme un refrain à chaque nouveau cas : « De toute façon, ils sont tous dopés... » Comme si c'était une évidence scientifique qu'on ne pouvait pas discuter. C'est insupportable. Insupportable de s'entendre dire : « C'est l'hôpital qui se fout de la charité, ce que vous faites est impossible sans dopage puisque vous êtes le meilleur du monde et que vous ne pouvez pas battre des dopés sans vous doper vous-mêmes. » J'avoue du coup un petit plaisir revanchard à me dire que je bats probablement des dopés. Statistiquement, ça doit forcément m'arriver. Car il est important de le souligner, le dopage ne concerne pas souvent les meilleurs. Il faut faire très attention à ce que l'on sait et à ce que l'on dit.

Au niveau international, on a fait face récemment à des scandales importants, notamment le dopage d'État en Russie ou la multiplication des cas au Kenya. Mais certaines affaires m'ont donc encore un peu plus touché l'an passé. Il y a eu celle du coach controversé Alberto Salazar, suspendu par l'Agence américaine antidopage pendant les Championnats du monde à Doha. Il était à la tête du Nike Oregon Project, le plus gros projet running de mon équipementier. Or, si nous avons une image pour Nike en tant qu'athlète, je pense que la réciproque est vraie. Ça m'a vraiment embêté car je suis très sensible sur ce sujet, vous l'aurez compris. Mais il ne faudrait pas non plus tomber sans savoir dans les amalgames que justement je dénonce. Le NOP a été fermé et je fais confiance à Nike. Ils m'ont autant apporté sur le plan du matériel, où ils sont les meilleurs, que sur le plan humain. D'ailleurs, d'autres marques m'ont proposé plus mais je suis resté avec eux.

Et il y a donc eu deux cas dans le demi-fond français, ceux de Clémence Calvin et d'Ophélie Claude-Boxberger. Ce n'est pas à moi de les juger, elles ont été suspendues. C'est après le premier cas que j'avais pris la parole un peu partout et que j'avais notamment annoncé me lancer dans le programme Quartz, je vais y revenir. Quand on a appris le deuxième, j'ai envoyé un petit message sur les réseaux sociaux pour dire qu'on était avec l'équipe de France en stage national à Saint-Malo, une manière de dire que le dopage n'était pas notre quotidien. On m'a à nouveau répondu : « C'est bon, toi, arrête de faire le malin, on sait tous que tu es dopé. » J'essaie de ne plus prêter attention aux haters mais vous aurez compris que le problème est malheureusement plus profond. Parce qu'il est trop facile de créer une histoire à partir de rien, en reprenant des choses que d'autres ont balancées sans preuves et que personne ne vérifie. En dix jours, un mec totalement clean peut passer pour un super dopé. Surtout, cette idée d'un dopage généralisé dans l'élite s'est beaucoup trop propagée. C'est dingue et c'est ce que je veux éviter par-dessus tout.

La situation est ainsi devenue tellement aberrante que je vis aujourd'hui dans un monde du sport où ce n'est plus aux autorités antidopage de prouver que certains trichent mais à tous les autres, les athlètes propres, de prouver qu'ils ne sont pas dopés. Que les tricheurs jouent avec les contrôleurs et puissent se regarder sereinement dans la glace, c'est leur problème… tant que j'ai la fierté de les battre. Mais devoir me taper tous ces contrôles, un système de localisation contraignant 365 jours sur 365 et des accusations sournoises alors que je n'ai rien à me reprocher, c'est une perte de temps et d'énergie hallucinante.

* * *

Ce système contraignant dont je parle est le compagnon le plus collant de tous les sportifs de haut niveau. Il s'appelle Adams. Rien à voir avec une famille, c'est un acronyme : Adams pour *Anti-Doping Administration and Management System*. Un logiciel mis en place par l'Agence mondiale antidopage pour renforcer sa lutte, il y a une quinzaine d'années. Son rôle est de localiser les athlètes de haut niveau, appartenant à des « groupes cibles », pour pouvoir les contrôler de manière inopinée toute l'année. C'est à nous, sportifs, de rentrer dans l'application pour renseigner le système. On peut être contrôlé à n'importe quelle heure de la journée. Mais il y a une heure, que l'on fournit, pendant laquelle on est obligé d'être disponible là où on a mentionné notre présence dans l'application. Si ce n'est pas le cas, le contrôleur nous notifie un *no-show*. Et au bout de trois *no-shows* en douze mois, on est coupable d'avoir enfreint les règles de l'antidopage, ce qui vaut une suspension comme pour un contrôle positif.

J'ai un peu le même rapport à tout ça qu'un conducteur qui n'a commis aucune infraction mais qui se sent mal à l'aise lorsqu'il est contrôlé par des policiers. Je n'ai pas peur du contrôle positif puisque je ne me dope pas. Mais, oui, j'ai peur des *no-shows*. Parce que je suis dans la lune et qu'il m'arrive d'oublier de me localiser. Je ne me fais pas contrôler tous les matins mais c'est potentiellement possible. L'horaire que j'ai fourni est la tranche 6-7 heures car je suis pratiquement sûr d'être chez moi à cette heure-là, ou sur mon lieu de résidence si je suis en stage. Une fois, le contrôleur est arrivé à 7 heures, donc trop tard, je n'étais plus là et le *no-show* n'a pas été retenu. Mais il y a pas mal de cas d'imprévus possibles. Ils m'ont donné quelques soucis. J'ai essuyé trois *no-shows* sur l'ensemble de ma carrière, et vous allez comprendre pourquoi.

La première fois, c'était parce que j'avais décidé d'aller dormir chez ma copine au dernier moment. On peut faire des modifications dans Adams à tout moment mais, à partir de 17 heures, on ne peut plus faire de changement pour le lendemain matin. Ou, plus exactement, vous pouvez le faire à condition que la nouvelle adresse renseignée soit très proche de la première. Là, on peut reconnaître votre bonne foi. En revanche, si vous voulez mettre Tokyo à la place de New York, ils ne feront pas de cadeaux. Bref, dans ce cas, je n'avais pas dû faire le changement. Normalement, le contrôleur qui se présente chez vous doit essayer de vous joindre si vous ne lui ouvrez pas. Ils ne le font pas toujours mais, là, il l'a fait. Comme c'était un numéro masqué et que je n'ai pas réalisé que ça pouvait être un contrôleur, je n'ai pas décroché. C'est bête, il était à dix kilomètres de là, devant la porte de mon appartement… C'est d'autant plus bête que décider de rester dormir un soir chez un pote, votre conjoint, vos parents ou vos beaux-parents ne me paraît pas traître ou criminel.

Une autre fois, je partais en vacances en Thaïlande et je voyageais toute la première journée. Du coup, j'avais renseigné le logiciel en disant que j'étais en France le vendredi et en Thaïlande, à telle adresse, le dimanche. Mais je n'avais rien mis pour le samedi. C'était une erreur de ma part mais la vérité est que je n'étais nulle part. La dernière fois, c'était aux États-Unis. J'étais parti en stage à Miami où j'avais loué un Airbnb qui m'avait fourni une mauvaise adresse. En amont, j'avais renseigné le logiciel pour tout un mois avec cette adresse. En arrivant sur place, on a appelé la loueuse qui nous a réorientés mais je n'ai pas pensé à faire la modification sur Adams...

Il est certain que si tu te fais avoir trois fois dans une même année pour ça, tout le monde le verra comme le comportement d'un dopé qui essaie d'échapper aux contrôles. Tu n'as donc pas le droit à l'erreur. Si ça t'arrive, ta carrière est gâchée. Je suis donc plein d'empathie avec ceux à qui ça arrive. Comme l'Américain Christian Coleman, le champion du monde du 100 m, qui en a eu trois l'an passé sur plus de trente contrôles en un an, je crois. Même si je ne connais pas Coleman personnellement et que je ne m'avancerai donc pas sur son cas et même si la multiplication des contrôles signifie que vous êtes particulièrement ciblé, il est difficile de juger et de se faire une idée objective sans étudier chaque histoire au cas par cas. Certains ont des *no-shows* alors qu'ils sont blessés, absents des compétitions pour toute une saison et n'ont peut-être plus la tête à se localiser. Pour moi, je suis désolé, mais un *no-show* ne sera jamais l'équivalent d'un contrôle positif et il n'est pas une preuve de dopage.

Je pense que tous les athlètes ont eu des *no-shows* dans leur carrière. Usain Bolt a raconté qu'il en avait eu deux. Dans mon cas, trois no-shows en six ans, ce n'est pas grave en soi. Je considère que chacun d'entre eux équivaut à une piqûre de rappel. Tu sais que tu seras très vite recontrôlé et tu redoubles de vigilance. Depuis l'an passé et l'affaire Clémence Calvin – la marathonienne française que l'AFLD accuse d'avoir refusé un contrôle au Maroc et qui avait, je crois, six heures pour s'y soumettre –, j'en ai encore rajouté une couche dans la prévention. Quand j'allume mon portable, Adams est la première application qui s'ouvre. Et je vérifie que je l'ai bien renseignée. C'est très prenant parce que je peux changer régulièrement de plan, que j'ai pas mal d'obligations, des rendez-vous médicaux, avec des sponsors, des médias…

J'ai essayé de déléguer cette localisation à mon coach, à mon frère… Mais cela ne résout rien en fait. Ils pouvaient tout aussi bien oublier un changement. L'athlète demeure le mieux placé pour le faire. C'est sa vie, c'est lui qui décide des modifications de dernière minute de son programme privé. Mais ce n'est pas quelque chose de naturel, ni de logique, de devoir renseigner en permanence, dans une appli, l'endroit où vous décidez finalement de dormir. En tout cas pas pour moi. Cela m'a pris trois ans pour que ça devienne un réflexe. Notamment quand je pars en stage, car ils aiment bien contrôler les athlètes lors de leur préparation à l'étranger. C'est logique, c'est souvent le moment où ceux qui se dopent le font.

* * *

Ces dernières années, je me suis beaucoup posé de questions sur le dopage. À partir de quel moment y a-t-il dopage ? Le dopage est-il mauvais pour la santé, comme on le dit souvent ? Où doit-on fixer les limites de prises de produits, tels que les médicaments ou les compléments alimentaires, pour que les sportifs puissent rester en bonne santé ? Entre santé et équité, on est forcément aux confins de deux pays, séparés par une frontière en forme de ligne rouge à ne pas franchir. Le sport est régi par des règles qui s'appliquent à tout le monde. Ce sont ces règles qui définissent la frontière, la limite. C'est le rôle de l'Agence mondiale antidopage, qui établit tous les ans une liste des produits interdits. À nous, athlètes, de nous y conformer.

Certaines études démontrent que l'on peut être dopé et en bonne santé. D'une certaine manière, c'est regrettable car cela prive la lutte antidopage d'un argument massue : si vous vous dopez, vous vivrez moins longtemps. Ce n'est malheureusement pas vrai. Du moins si vous vous dopez bien. Donc si vous en avez les moyens. Le but des règles est justement de préserver les mêmes chances pour tous sur la ligne de départ, le fait que tout le monde dispose des mêmes armes pour s'exprimer. Si on autorisait le dopage pour tous, cela deviendrait un affrontement purement économique. Celui qui aurait les moyens de se doper plus efficacement serait le champion. C'est inacceptable pour qui aime le sport. Les inégalités économiques y pèsent déjà lourd. Notamment en termes d'accès aux infrastructures. Après, tous les sports ne sont pas égaux devant elles. Et c'est toute la beauté de l'athlétisme d'être l'un des sports qui nécessitent le moins de moyens. Ce n'est pas un hasard s'il est le plus universel dans sa pratique et celui où le plus de nations, de tous les continents, gagnent des médailles.

Le fait est que le dopage évolue sans cesse. Et donc les règles qui l'encadrent, avec lui. Si l'on interdit un produit qui était précédemment autorisé, c'est pour une bonne raison. Peut-être parce qu'on a compris qu'il avait été détourné de son usage médical à des fins de dopage. Car il y a la règle et l'esprit de la règle. Certains jouent avec en jouant avec les limites, en considérant que tout ce qui n'est pas interdit est par définition autorisé. Même s'ils sont en bonne santé, ils n'hésitent pas à prendre des médicaments autorisés pour améliorer leurs performances. C'est ce qui s'appelle « être borderline ». Je les vois comme des apprentis médecins ou des apprentis chimistes.

Ce n'est pas à moi de définir les limites de l'esprit des règles. Mais je peux vous dire comment je me les fixe pour moi-même. Tout simplement à partir de mes prises de sang. Ce sont elles qui déterminent mes carences. Or, je l'ai dit, elles sont nombreuses : fer, zinc, magnésium, vitamine C... Je ne considère pas que les compléments alimentaires que je prends pour compenser ces carences soient du dopage. C'est malheureusement juste pour compenser l'appauvrissement de nos sols, de nos aliments. Je récupère d'une certaine manière avec ces compléments ce que la société nous a pris. Je suis très loin de jouer avec les limites. Je suis tranquille avec ma conscience sur ce point. Je ne prends pas des compléments pour avoir plus de muscles. Manger de la viande sert à avoir plus de muscles. Mais la viande n'est pas du dopage pour autant.

Il y a néanmoins avec les compléments un problème récurrent de cas de dopage du fait de la pollution de certains d'entre eux par des substances interdites. En résumé, ils sont parfois contaminés lors de leur fabrication sur des chaînes où l'on produit également des médicaments contenant des molécules dopantes, telles que stéroïdes ou hormones, et qui laissent des traces. Pour être sûr de ne pas être contrôlé positif comme ça, je me fournis chez des fabricants certifiés, sûrs. Ce qui me coûte d'ailleurs très cher.

Je ne prends donc pas des compléments alimentaires pour être meilleur ou plus fort. Ça, c'est sur le stade, avec mon entraînement et ma préparation physique que je l'obtiens. Je prends des compléments alimentaires pour que mon corps ne soit pas dégradé par ma pratique du sport à haute intensité. Je les prends pour laver mon corps et non pas pour le rendre plus performant. C'est ça, la différence entre dopage et bonne santé. Je suis plus traitements naturels que médicaments. De nombreux champions ont recours à des AUT, des autorisations à usage thérapeutique, délivrées par leur médecin, qui leur permettent de prendre des produits interdits parce qu'ils sont malades. Par exemple, pour qu'un asthmatique prenne de la Ventoline. C'est extrêmement fréquent et on se doute bien qu'il y a eu énormément d'abus.

* * *

La transparence dont je fais preuve ici, on peut la vérifier sur mon profil Quartz (www.quartzprogram.org). Après mon coup de gueule consécutif à l'affaire Calvin, l'an passé, le docteur Pierre Sallet a appelé mon préparateur Jérôme Simian pour lui en faire la proposition. Il avait déjà l'intention de rentrer en contact avec moi et cela a précipité sa démarche. Jérôme m'a aussitôt téléphoné pour me dire : « J'ai peut-être une solution pour toi, pour être plus transparent vis-à-vis du grand public... » Pierre Sallet est diplômé en physiologie, il a fait plusieurs thèses et est entré en contact avec les agences antidopage pour leur proposer ses services. À la tête de l'association « Athletes for Transparency », il a fait pas mal parler de lui dans le milieu en 2015, quand il a monté une expérience filmée, *Dopage, l'expérience interdite*. Il y dopait huit athlètes avec des microdoses d'EPO, d'hormones de croissance et de corticoïdes : cela faisait faire un bond à leurs performances mais tout en restant indétectable lors des contrôles.

Le programme Quartz de Sallet est d'abord un passeport biologique au service de la santé des sportifs. Mais c'est aussi une arme redoutable pour détecter le dopage. Je suis entré dans le programme il y a un an et ils estiment que le profil devient vraiment lisible au bout de six mois d'analyses des données. Évidemment, ce programme est critiqué par certains car il se fait en dehors des instances reconnues, les agences antidopage ou les fédérations. Moi, je trouve qu'il est complémentaire de ce que font ces instances. C'est avant tout un suivi biologique pour sa propre santé. Mais c'est un outil antidopage redoutable. Actuellement, je suis contrôlé entre dix et quinze fois par an sur la base d'Adams, c'est-à-dire hors grand championnat. Ce à quoi il faut ajouter les prises de sang du suivi santé que fait la Fédération. Et aussi toutes les analyses que je fais à titre personnel. Je donne à Quartz toutes ces données. À partir de ça, ils établissent un passeport biologique. Tout ce qui me concerne, de mes dates de contrôles antidopage à mes bilans hématologiques, est en ligne.

Je sais très bien que le docteur Pierre Sallet est décrié. Certains le trouvent excessif. Je sais que les institutions ne voient pas son action d'un bon œil car elle lui échappe. Mais j'ai l'habitude de travailler avec des gens controversés. On dit également beaucoup de choses sur mon préparateur Jérôme Simian. Ce sont des gens hors système, donc le système ne les apprécie pas. Mais ces personnes sont extrêmement compétentes et passionnées. Elles apportent en réalité des choses novatrices, intelligentes, en avance sur leur époque et elles devraient au contraire être les bienvenues. À une époque, on a brûlé ou pendu des gens qui disaient que la Terre était ronde ou que c'était elle qui tournait autour du Soleil et non l'inverse. Bon, heureusement, on a quand même évolué un peu : ils ne se font plus pendre, ils sont juste décriés.

On me reproche aussi de sous-entendre que ceux qui n'optent pas pour cette transparence-là seraient coupables. Non, ce n'est pas parce qu'un sportif n'est pas chez Quartz qu'il est dopé. Un sportif peut aussi être chez Quartz et ne pas vouloir rendre publiques ses données. Je peux le comprendre dans certains cas, si vous avez une maladie que vous ne souhaitez pas divulguer, telle qu'un cancer, ou si vous ne voulez pas que tout le monde sache que vous êtes enceinte… De toute façon, chacun est libre de choisir, je ne juge pas. Mais je trouve extrêmement blessant que certains puissent douter de mes performances.

Je crois globalement que ce type de programmes peut mettre la pression sur les dopés si tous les athlètes propres décident de se lancer dans la transparence. Je suis très content que d'autres sportifs fassent partie de ce programme-là. Il y a par exemple le marathonien Hassan Chahdi, la nageuse en eau libre Aurélie Muller ou le trailer Kilian Jornet. Jornet, c'est l'exemple parfait, un mec qui réalise des exploits tellement hors du commun que le fait d'apporter la preuve qu'il les réalise proprement est un super message à destination des jeunes. De toute façon, je pense que ce type d'engagements est indispensable. Le futur de notre sport est là, on n'a plus le choix. Face au fléau du dopage et à l'image désastreuse qu'il donne même aux plus propres, on ne peut pas se contenter de se plaindre et ne rien faire. Si on veut que les exploits restent une source d'inspiration pour les jeunes, il faut chasser les doutes et remettre la valeur travail au cœur du sport.

7

CITOYEN DU MONDE, TU SERAS

« Toi, tu feras de la politique après ta carrière d'athlète ! » J'ai souvent entendu cette phrase à mon sujet. C'est pourtant quelque chose qui ne me tente vraiment pas du tout. En fait, j'ai le sentiment que le pouvoir n'est plus politique. Dès que les politiciens essaient de changer quelque chose, en bien ou en mal, ils se heurtent à un mur. Celui de la défiance des gens, malgré leur élection démocratique, ou peut-être celui d'un système trop lourd à bouger, et aussi, c'est probable, celui de lobbies trop puissants. Lorsque j'étais à l'Élysée, après les Jeux olympiques de Rio, pour y recevoir une médaille des mains du président Hollande, je me souviens d'une discussion avec un serveur. Il m'a dit qu'il était là depuis longtemps et qu'il avait toujours vu débarquer des nouveaux présidents visionnaires, des idées plein la tête, disant toujours, déjà au bout de trois semaines : « En fait, je ne peux rien faire ! »

J'aime bien ce pays où l'on a quand même acquis des droits sociaux. Des droits que l'on finance par l'impôt. Parce que j'aime bien payer des impôts et que j'en ai marre, à chaque fois que j'allume ma télé, d'entendre des gens se plaindre de payer trop d'impôts. Mais j'aimerais bien pouvoir les tracer, choisir leur destination. J'aimerais recevoir une lettre qui me dise combien je dois verser et, qu'au-delà d'une somme incompressible, par exemple pour la défense du territoire, je puisse faire le choix du domaine à financer. Il ne faudrait même plus l'appeler « l'impôt », d'ailleurs, ça deviendrait presque de l'investissement caritatif. Mes priorités seraient la santé et, au-dessus de tout, l'éducation. Tout vient de là. S'il y a du racisme, c'est parce que les gens ne savent pas d'où viennent les immigrés, ce qu'ils ont vécu. Ne plus avoir peur de l'autre, ne plus craindre qu'il vous pique ce que j'appelle votre « train-train de vie », cela se fera dès le plus jeune âge et donc cela passera d'abord par l'école.

D'une certaine façon, ce n'est pas tant la crise du Coronavirus qui m'a frappé cette année que les problèmes du racisme, les violences faites aux Noirs et le mouvement « Black Lives Matter ». On est peut-être à un tournant. Le plus gros problème est probablement aux États-Unis, avec un dirigeant complètement fou, je n'ai pas peur de le dire, qui jette de l'huile sur le feu. Car on ne peut pas oublier que les États-Unis se sont en partie construits là-dessus. Avant même le commerce triangulaire de l'esclavage, il y avait eu un génocide, celui des *Native Americans*, les Américains d'origine, c'est-à-dire les Indiens, qui y vivaient avant que ne débarquent les Européens. J'ai un respect d'autant plus grand pour les *Native Americans* qu'ils avaient un lien avec la nature beaucoup plus développé que nous, une forme d'harmonie et une forme d'intelligence beaucoup plus profonde que notre goût pour le développement technologique et une croissance économique exponentielle dont on voit bien aujourd'hui les limites.

Pour ma part, depuis que je suis tout petit, je ne juge une personne qu'en fonction de nos interactions humaines, de nos échanges. Il est honteux, scandaleux, de juger une personne avant même de la connaître sur la seule base de sa couleur de peau. Ça me fait horreur. Les amalgames qui en découlent sont très douloureux. L'antiracisme est un beau combat mais il faut faire attention à ce qu'il ne dérape pas non plus. Il y aura toujours, dans toute population, quelque chose comme 5 % de cons pour foutre la merde. Il peut y avoir une manifestation avec des millions de pacifistes, il suffira d'une poignée de casseurs pour focaliser l'attention des médias et alimenter les tweets de Trump. Ceux qui veulent faire le mal sont minoritaires mais leur pouvoir est disproportionné. C'est toujours plus facile de casser un vase que de le recoller. J'ai la sincère conviction que c'est par l'éducation que l'on a une chance de faire évoluer les choses. On a tous vu cette vidéo d'un enfant noir et d'un enfant blanc qui se font un câlin. Le racisme n'est pas génétique. On ne naît pas raciste, on le devient.

S'il est une chose qui peut rendre optimiste, c'est l'âge, jeune, celui de ma génération notamment, des manifestants contre le racisme, qui sont moins influencés par les guerres et intolérances du passé. À titre personnel, je n'ai jamais été victime, pour mes amis de couleur, de faits racistes. Et eux ne m'en ont pas parlé. Mais je suis prêt à manifester à leur côté. En tant que Blanc, on a une responsabilité d'autant plus importante dans l'antiracisme que, à un moment, on a eu un sentiment de supériorité qui nous a fait couler beaucoup de sang, particulièrement celui des Noirs africains. Et je sais très bien que c'est plus simple, en France, pour un Blanc qui se présente à un entretien d'embauche, qui veut louer un appartement ou entrer en boîte de nuit. Mais s'il y a bien un message que peut porter le sport, c'est celui d'un monde sans racisme. Dans mon sport, s'il existe une association de gènes propice à la performance, il semblerait que ce soit le plus souvent les Blacks qui en disposent. Ça m'en rendrait presque jaloux. Ils sont le plus souvent mes exemples. On s'enrichit bien plus en apprenant de ses différences qu'en les craignant.

* * *

Ma conscience politique me rend très sensible à la situation des pays dans lesquels je vais en compétition. J'ai par exemple énormément hésité à boycotter les Championnats du monde à Doha. J'ai poussé un coup de gueule en arrivant sur place pour dire que c'était une connerie d'organiser un tel événement là-bas. Les gens ont cru que c'était en raison des conditions climatiques extrêmes, parce que Yohann Diniz venait d'en pousser un aussi – et je le comprends, car marcher 50 km en moins de 4 heures dans des conditions pareilles, c'est n'importe quoi. Mais ces conditions ne me concernaient pas directement puisqu'ils avaient climatisé le stade et que, pendant deux jours, elles étaient idéales pour nous. Évidemment, ça me pose des questions d'un point de vue écologique, je vais y revenir. Mais ma colère à moi était plus politique, plus éthique, plus sociale.

Au moment de l'attribution de ces Mondiaux à Doha, en novembre 2014, j'ai immédiatement pensé que c'était une erreur. Mais c'était cinq ans avant, c'était loin. Avec des championnats ailleurs, tous les ans, j'avais mis ça de côté. Et puis l'an passé, plus on se rapprochait de l'événement et plus je m'interrogeais. Au point que je me demande parfois si ce n'est pas à partir de ce moment-là que j'ai contracté ma douleur au tendon d'Achille. N'aurais-je pas dû me dire alors que cette douleur me prouvait que je n'avais pas envie de concourir à Doha ? Je ne sais pas, il est toujours facile de vouloir réécrire l'histoire. En tout cas, concourir à Doha me posait problème pour plusieurs raisons.

Je me considère comme extrêmement féministe. Je place la femme très haut, au-dessus des hommes, car je pense que toutes les guerres ont été causées par la testostérone de ces messieurs. Je trouve très sain le débat qu'il y a eu récemment sur les athlètes enceintes, qui se sont plaintes d'avoir vu leurs contrats coupés, à commencer par Allyson Felix, l'athlète la plus emblématique de Nike. Je pense qu'il s'agissait d'un dysfonctionnement qui n'était pas propre à Nike mais commun à beaucoup d'équipementiers dans l'athlétisme, où les contrats sont très liés aux résultats. Or, quand on est enceinte, on ne court pas. En tout cas, ça me plaît qu'une aussi grosse boîte ait aussi vite rectifié le tir sur ce sujet. Aujourd'hui, c'est beaucoup plus carré. Et je me félicite beaucoup qu'ils aient resigné un contrat avec Mélina Robert-Michon, maman de deux enfants, un exemple justement pour ces femmes athlètes qui veulent mener de front leur double projet.

À Doha, me dire que je pourrais me retrouver dans un stade où il y aurait les hommes ici et les familles ailleurs, c'était une souffrance.

Sans parler de tous ces reportages sur l'exploitation des travailleurs étrangers pour la construction des stades, notamment ceux de la Coupe du monde de foot à venir, en 2022. De toute façon, il suffit d'aller dans les grands hôtels et les boîtes de nuit, là-bas, pour mesurer l'hypocrisie de leur discours. Je ne peux pas cautionner ça et je n'aurais pas dû faire ces Championnats. Mais c'est très difficile car c'est l'objectif de toute une année. Il y avait d'un côté la raison, mes convictions – ne pas le faire –, et de l'autre, la passion, un grand championnat. J'avais raté les Championnats d'Europe à Berlin l'année précédente en faisant zéro en longueur, et j'ai suivi un raisonnement un peu égoïste plutôt qu'un raisonnement éthique.

Il ne faut pas se leurrer, en tant que sportif, on n'a pas un pouvoir d'action extraordinaire sur le monde. À part faire rêver les gens et créer du spectacle et des émotions. Au final, c'est juste un show, on se produit en spectacle. Passer une barre de plus ou de moins ne changera pas la face du monde. J'essaie de rester dans cette notion de jeu qui fait l'essence du sport mais je sais que c'est plus difficile en étant professionnel. Et j'ai aussi conscience de l'énorme place prise désormais dans la société par le spectacle sportif. Du coup, pour nous, ça peut être une tribune, on peut s'en servir pour faire valoir ses convictions. Mais il y a quand même une limite : que notre passion n'en paie pas le prix. Si j'avais boycotté Doha, j'en aurais payé financièrement très cher le prix. Peut-être même trop pour pouvoir continuer.

Dans l'histoire, boycotter un événement sportif ne s'est pas forcément toujours révélé être la meilleure solution non plus. Les poings aux gants noirs de Tommie Smith et John Carlos sur le podium du 200 m des Jeux olympiques de Mexico, en 1968, ont peut-être plus fait pour la cause des Noirs américains que s'ils avaient boycotté, comme leur conseillaient certains. Ça dépend aussi de la carrière passée de celui qui boycotte. À Doha, j'étais le champion du monde en titre et le recordman du monde du décathlon. Peut-être que de dire qu'une compétition pareille dans cet endroit-là ne m'intéressait pas aurait soulevé des questions, fait du bruit, aidé à faire évoluer les choses. Peut-être… Je m'étais aussi dit que je pourrais participer et profiter de la scène médiatique, en cas de victoire, pour dire des choses sur place. Mais j'ai abandonné sur blessure le deuxième jour, alors que je menais, et je ne sais pas si je me serais laissé aller à ça. De toute façon, du point de vue de ma conscience, participer, c'était déjà cautionner.

* * *

Je dois reconnaître que je suis obligé de faire certains arrangements avec ma conscience, sinon je ne peux plus exercer ma passion et mon métier. Nous, athlètes, ne sommes que des pions dans les mains des grandes institutions sportives internationales. Prenez les Jeux olympiques, les sportifs, qui en sont pourtant les acteurs principaux, ne touchent rien des énormes profits réalisés. Notez bien que je n'en revendique pas une part. Je ne fais pas ça pour l'argent. Je trouve même très bien que cela génère de l'argent, dans le fond. Mais s'il est bien redistribué. Pour ma part, je ne boycotterai de toute façon jamais les Jeux olympiques parce que l'esprit des Jeux reste un truc magnifique. On dit que ça coûte très cher à organiser mais ça rapporte énormément quand c'est bien organisé. Et puis quoi qu'on me dise, les Jeux, c'est le rêve de ma vie.

Si les Jeux avaient lieu aujourd'hui aux États-Unis, un pays que j'aime, j'irais aussi, évidemment, mais je n'hésiterais pas à dire ce que je pense de Trump. J'essaie de faire attention à mon utilisation des réseaux sociaux, à bien réfléchir avant, mais sur Trump, je sens que je peux me lâcher. Quand il s'en est pris à la France en disant qu'il serait bon d'en faire un grand pays à nouveau, en 2018, je n'ai pas pu m'empêcher de lui répondre avec une photo de mon record du monde et en lui disant que l'on y travaillait. C'était spontané, peut-être trop d'ailleurs, parce que c'était une manière de me mettre en avant avec mon record et ce n'était surtout pas ce je voulais qu'on en retienne. C'est juste que Trump touche à des réflexes épidermiques chez moi. C'est comme quand, après ma médaille d'or mondiale à Londres, en 2017, Marine Le Pen avait parlé de moi comme de quelqu'un représentant bien la France. Je l'ai malheureusement appris trop tard pour répondre, mais ça m'a beaucoup titillé…

J'ai un regard catastrophé sur l'immigration. Il faudrait pouvoir accueillir le plus de personnes dans le besoin possible. Plus le réchauffement climatique va s'accentuer, plus il y aura de grandes vagues d'immigration et je n'exclus pas que l'on devienne un jour nous-mêmes, Français, des émigrés contraints de fuir ce réchauffement. C'est pour ça que le nationalisme me tue. En tant qu'athlète, je me sens avant tout citoyen du monde. Du nationalisme, je ne prends que les bons côtés, c'est-à-dire représenter la France, porter les valeurs d'une culture pour les partager avec le monde plutôt que de s'enfermer derrière des frontières, des barrières artificielles, imaginaires au final, inventées par l'homme.

Je ne suis donc pas très nationaliste. Je peux vibrer de la même manière devant un concours de poids ou de saut en hauteur où il n'y a ni Français, ni Française. Le sport transcende les frontières. C'est génial de représenter son pays, se battre pour sa nation, mais il n'y a pas que ça. C'est quand même dans le sport que l'on voit le moins de racisme. C'est d'abord dans le sport que l'on voit un Blanc et un Noir se tomber dans les bras alors qu'ils sont adversaires. *La Marseillaise*, par exemple, qui retentit lorsqu'on est sur un podium, je la vois plus pour ce qu'elle représente, un accomplissement personnel et une représentation que je me fais de mon pays, plutôt que pour ce qu'elle dit. Ses paroles n'ont rien d'extraordinaire : « Qu'un sang impur abreuve nos sillons... » Je sais que c'est blindé d'histoire, qu'il faut les replacer dans un contexte révolutionnaire vieux de plus de deux cents ans, que ce serait déplacé, en tout cas mal perçu, que je les critique. Mais je trouve le *God Save the Queen* plus transcendant, plus émouvant...

* * *

La crise du Coronavirus ne m'a finalement rien appris en tant que telle. Mais elle m'a renforcé dans mes convictions. Elle a par exemple confirmé que la France était un pays d'abord épris de liberté mais que, dans un monde où l'on place la liberté au-dessus de tout, elle avait du mal à accepter de se restreindre pour respecter les autres. Or la liberté totale ne nous garantit pas le bonheur réel. On ne peut l'atteindre sans certaines contraintes s'imposant à tous. Cette crise m'a posé question. Sur un plan comptable, la pandémie du Covid-19 fait moins de morts que d'autres virus ou fléaux dans le monde. Est-ce que c'est une raison pour l'ignorer et laisser des gens mourir ? Non, évidemment pas ! Tout ce que l'on peut faire pour sauver des vies doit être fait et j'ai trouvé très justifié le confinement et le report des compétitions. Je n'ai d'ailleurs pas compris les hésitations que j'ai observées les premiers jours, ceux qui faisaient comme si de rien n'était et se rassemblaient.

Les moments difficiles comme ceux qu'on a vécus permettent aussi de renouer des liens entre soi, de mesurer la chance de ce qu'on a en temps de liberté, de ce qu'on peut rapidement perdre si l'on ne fait pas le nécessaire pour maintenir un équilibre biologique sur cette planète. À titre personnel, j'ai le sentiment d'être ressorti grandi de cette crise. Mais je crains que ce ne soit pas vrai pour tout car j'ai l'impression qu'on commet à nouveau les mêmes erreurs dès la fin de nos privations. Ça ne nous a pas fait tant évoluer que ça malheureusement. Malgré tout, je ne suis pas si pessimiste pour le futur. Car on ne peut plus se cacher le problème sur les énergies fossiles. Tout le monde l'a remarqué, quand il n'y a plus de voitures dans les villes, on retrouve un air respirable et une vision à deux kilomètres. Dans l'Himalaya, certains ont témoigné pendant ce confinement qu'ils avaient pu voir l'Everest de leur ville pour la première fois de leur vie et pour la première fois depuis plusieurs générations. Malgré les lobbies des énergies fossiles qui essaient de nous faire croire que l'électrique pollue autant, la preuve a été faite que c'est infiniment moins toxique que la pollution fossile qui nous agresse en nous sautant à la gorge dès qu'on met le nez dehors.

Le réchauffement climatique et la pollution des océans nous rappellent de toute façon la limite de l'idée des frontières. Ça fait peut-être peur à certains mais c'est un fait. Moi, je suis connecté à la nature depuis le plus jeune âge. Je le dis souvent, ne pas pouvoir marcher tous les jours pieds nus dans l'herbe est un manque terrible pour moi, dans mon corps et dans ma tête. Séjourner dans une très grande ville bétonnée me rend triste. Et quand je vois les gens y faire la gueule dans leur bagnole, je les plains de passer des journées entières sans toucher la nature. Il ne faut pas me prendre pour un marginal et sous-estimer ça. J'ai un nouveau sponsor, Mont-Blanc, parce que sa campagne de pub, « se reconnecter par la nature », a immédiatement fait tilt chez moi. J'ai signé tout de suite.

J'ai l'impression qu'il y a une déconnexion totale des gens, dans notre société moderne, au monde dans lequel ils vivent. On en oublie des évidences ancestrales. Faire une sieste sur du béton sous un préau ou dans l'herbe sous un arbre, ça n'a pourtant rien à voir, en sensation et en termes qualitatifs. Mais l'élément que j'adore plus que tout, c'est l'eau. Et celle des rivières encore plus que celle de la mer. Peut-être parce que les rivières qui entourent Montpellier sont très belles, translucides et qu'elles ont encore beaucoup de vie par rapport à la Méditerranée, très polluée. J'y ai plongé… et bof ! Tellement éloigné de la Nouvelle-Calédonie, dont je garde un souvenir inoubliable. Se dire que cet écosystème est le plus en danger de tous, que nos océans sont notre poubelle, que pour des raisons évidentes de gravité tout s'y déverse… C'est criminel.

Dans ma pratique de l'athlé, un sport d'été et en plein air, j'ai été confronté à la multiplication des événements caniculaires. Heureusement, j'ai de bonnes facultés d'adaptation aux températures extrêmes, froides comme chaudes, et j'avoue adorer m'entraîner à 14 heures en pleine canicule. Mais j'ai aussi la chance de pouvoir bien manger, bien m'hydrater, ce qui n'est pas le cas de tout le monde. Et puis j'en souffre quand même pour dormir, alors que la récupération est fondamentale. Or la climatisation ne sera bientôt plus viable du point de vue écologique, si ce n'est déjà le cas. Il va donc falloir apprendre à s'adapter. Ma façon de tricher, c'est le ventilateur, ce qui n'est pas non plus une solution, puisqu'il consomme de l'énergie. À moins de la puiser dans le plus gros générateur à notre portée, le soleil...

Dans la maison que je fais construire, j'envisage de mettre une sortie clim, mais il n'y aura pas de clim. Je veux voir si on est suffisamment évolué pour s'en passer. C'est un test. J'espère qu'on trouvera des solutions prochainement. J'y crois. Je voudrais aussi mettre des casquettes au-dessus de mes baies vitrées, des sortes de mini-balcons, pas faits pour aller dessus mais pour que le soleil entre l'hiver quand il est bas, mais pas l'été quand il est haut. J'aurais normalement moins besoin de rafraîchir mes pièces l'été et de les chauffer l'hiver. Bref, j'aimerais une maison la plus autonome possible en énergie et la plus proche possible du zéro déchet, un objectif qui me tient vraiment à cœur. Mais je dois reconnaître que c'est compliqué, parce que cher. Et je ne suis pas irréprochable. J'avoue avoir privilégié à un moment la salle de muscu, indispensable à mon entraînement…

* * *

Je n'ai pas de doute sur le rôle de l'homme dans le réchauffement climatique. Mais la proportion de sa responsabilité fait encore débat parmi les scientifiques. Je lis beaucoup de choses là-dessus, parfois contradictoires, et j'aimerais qu'ils arrivent à un consensus. Ça nous aiderait à prendre des décisions radicales. Car je ne crois que très moyennement à la bonne volonté de chacun, et seuls des interdits forts pourraient enrayer les choses. Je suis inquiet devant les projections à court terme. En cinquante ans, le niveau des océans s'est élevé de dix centimètres. D'après l'ONU, si on stabilise le réchauffement, il montera encore de quarante-cinq centimètres d'ici la fin du siècle, ce qui pourrait faire disparaître des dizaines de milliers d'îles. Des habitants d'atolls ont déjà demandé l'asile climatique. L'ONU prédit un minimum de 280 millions de déplacés climatiques d'ici 2050. Selon la NASA,

Miami est déjà une ville condamnée et New York sera inhabitable avant la fin du siècle.

Au mieux, d'après les experts du GIEC, si ce réchauffement n'est pas une cause directe, il va en tout cas multiplier et intensifier les phénomènes climatiques extrêmes. Renforcer la force des ouragans et des épisodes caniculaires. Il y aura donc plus de gigantesques feux de forêt comme ceux qu'a connus l'Australie, et des grandes inondations qui frapperont régulièrement de grandes villes côtières, comme Tokyo. Je suis très attaché à la beauté du monde et je déplore la mise à mal par l'homme de tous ces espaces naturels. Quand les spécialistes estiment à un million le nombre d'espèces en danger de disparition, je trouve cette perte en biodiversité aussi alarmante que douloureuse. Les gens n'imaginent même pas tout ce qu'on est en train de perdre en médicaments potentiels pour le futur. Et puis ce sont évidemment les plus démunis qui vont trinquer les premiers. Avec les mauvaises récoltes, la flambée des prix, des centaines de millions de personnes vont très vite sombrer dans la pauvreté. Sans parler de la malnutrition, des maladies…

On va me dire : « Mais qui tu es qui pour parler de ça ? » En fait, peu importe. Personnellement, c'est typiquement le genre de question que je ne me pose jamais. Je m'intéresse toujours à ce qui est dit beaucoup plus qu'à la personne qui le dit. C'est ce que je reproche aux gens qui critiquent Greta Thunberg. Peu importe ce qu'on pense d'elle, peu importe ce que je pense d'elle, peu importe son âge ou son image et peu importe même si quelqu'un lui souffle à l'oreille ce qu'elle doit dire ou si elle est manipulée. Je dis à ses critiques : écoutez-la, écoutez ce qu'elle dit ! On juge toujours sur l'apparence et jamais sur le fond, c'est extrêmement dommageable.

Mon engagement est réel et en construction. J'ai par exemple rencontré WWF pour voir ce que l'on pouvait faire ensemble. Ils souhaitaient que je les soutienne. Je leur ai dit : « OK si vous me donnez tous vos chiffres, si je peux voir sur quoi reposent vos actions, pouvoir aller au fond des choses pour pouvoir défendre ma propre action, pouvoir argumenter et développer. » Voilà comment je suis devenu, il y a peu, un de leurs ambassadeurs. Ce qui me plaît chez WWF, c'est leur stratégie que je trouve pérenne. En tout cas, adaptée à ma façon de voir les choses. Leur discours est le suivant : dialoguer avec les gros pollueurs, trouver des solutions bénéfiques pour tout le monde. Quand certains sont davantage dans la confrontation ou le boycott. Comme eux, je pense que c'est en arrivant à modifier doucement mais sûrement la manière de produire des leaders que le changement global se fera. Pour cela, WWF les sensibilise, leur prouve que leur activité est néfaste pour tel site naturel ou telle population. Sans jamais utiliser des moyens de pressions trop extrêmes, en restant dans le dialogue et l'éducation. Pour prendre un exemple sur le sujet qui me concerne, prenons Nike. Le big leader sur le marché des articles sportifs. Dernièrement, ils sont entrés dans une démarche visant à réduire davantage leur impact sur l'environnement. Pour cela, ils cherchent une nouvelle manière d'utiliser les déchets. L'objectif est que dans un futur proche, 50 % des collections soit en produits recyclés. Sur le long terme, zéro déchet. Alors ok, ce n'est pas ça qui va révolutionner l'écologie, mais c'est un pas dans le bon sens. Et si le leader Nike part dans cette direction, je suis certain que beaucoup vont suivre. Voilà ma vision des choses, faire bouger les leaders pour que tout le monde suive.

Par rapport à mes engagements, le décathlon est évidemment très prenant, quotidiennement.

Or, ce que je dis peut intéresser si j'ai des résultats et il faut donc que je continue à en avoir. Parler une fois en tant que champion olympique est probablement plus porteur que dix mille fois en tant que champion régional. Ma première ambition pour me faire entendre est donc d'avoir une hygiène de vie parfaite et de me consacrer d'abord au décathlon.

Il n'y a pas si longtemps, j'étais tellement inquiet de toutes les prévisions catastrophistes des experts que j'en étais venu à me dire que je n'aurais pas d'enfants, que ce monde était foutu et qu'on ne pouvait pas infliger ça à de nouvelles générations. Je suis redevenu plus optimiste. Enfin, « optimiste » n'est pas forcément le bon terme. On voit les dégâts que peuvent causer des virus. Il est probable que la fonte des glaces va en faire apparaître d'autres. Dans le grand équilibre de la Terre, la survie de notre espèce ne me semble pas tenir à grand-chose. Mais, finalement, je me dis qu'il vaut mieux en profiter, que la fin des hommes arrivera si elle doit arriver et que, en attendant, il faut bien qu'on profite de notre vie. Par nature, je crois quand même beaucoup à la science et aux solutions qu'elle peut apporter. Moi, je ne suis qu'un sportif qui essaie d'aider les gens à travers le sport. Alors s'il vous plaît, messieurs-dames les scientifiques, au lieu de chercher à perforer la Terre toujours plus profondément pour aller chercher du pétrole, trouvez les moyens de remplacer l'énergie fossile. On a une boule à l'énergie presque infinie, le Soleil, servons-nous-en !

* * *

J'avoue que mon engagement n'est pas total, qu'il m'arrive de faire des choses que je regrette le lendemain. Comme pour Doha, je suis parfois tiraillé. Mais j'essaie d'agir en conscience. J'engueule un proche s'il jette un mégot de cigarette par terre alors qu'il y a une poubelle à cinquante mètres. Je prends ma voiture le moins souvent possible et le train plutôt que l'avion pour tous mes déplacements en France. Mais oui, j'ai parfois pris l'avion pendant les grèves de la SNCF pour certaines obligations professionnelles à Paris, et non, je n'irai pas à Tokyo en voilier. De toute façon, à partir d'une certaine distance, l'avion reste incontournable. En attendant qu'on lui trouve le plus vite possible un carburant propre, j'estime quand même que la plus belle chose à offrir à l'humanité, c'est de découvrir la planète.

Ce n'est pas tant le déplacement humain le problème que celui des biens. Privilégions les circuits courts. C'est ce que je fais au maximum pour l'alimentation. Je vous ai parlé de mon régime alimentaire. Il comprend beaucoup de viande rouge. Ce n'est absolument pas par philosophie personnelle, mais par nécessité, indispensable à la pratique de mon sport à haut niveau en raison des besoins ancrés au plus profond de mon corps, de son ADN, générés par des habitudes millénaires. Évidemment, ça m'a obligé à me poser beaucoup de questions. La souffrance animale est quelque chose qui me crée réellement un immense problème. J'ai regardé les vidéos de l'association L214. C'est d'une violence épouvantable. Mais on ne peut pas tout remplacer par des compléments alimentaires, or j'en prends déjà beaucoup. Juste un exemple, en déplacement, je ne vais pas demander deux steaks saignants au petit déjeuner. Alors j'ai un complément, une poudre de protéines, des steaks en poudre si on veut, que je promène avec moi.

J'avoue aussi avoir mauvaise conscience lorsque je fais de la chasse sous-marine mais, pour un poisson, qu'est-ce qui est le pire : mourir à l'improviste ou étouffé dans un chalut sous le poids de ses congénères ? Et puis je m'interroge. Deviendrai-je un jour végétarien ? Et que ressentent au juste les plantes ? En attendant, il faut modifier certaines méthodes, manger moins de viande et mieux, élevée moins intensivement, mieux nourrie, plus localement. Je suis très exigeant sur la viande, sa provenance, la manière dont elle est abattue. J'ai posé toutes ces questions et plus encore à mon boucher. L'idéal est que les bêtes soient abattues sur place car le transport les stresse, ce qui d'ailleurs nuit à la qualité de leurs fibres.

Je continue de m'interroger sur tout ça. Je bouquine, je cherche, exactement comme je le fais pour m'améliorer dans mon sport. Aujourd'hui, je dois dire que je n'ai pas de problème de conscience majeur avec mon mode de vie. Je sais que je suis imparfait, que je pollue, mais aussi que j'aide beaucoup d'associations à replanter des arbres et que mon empreinte carbone ne doit pas être si mal. Je raconte tout ça parce que ça me tient à cœur, que ma petite notoriété peut peut-être aider à diffuser un peu d'informations. Parce que malheureusement, souvent, c'est encore un manque. Mais je ne suis pas naïf et je sais à quel point changer les comportements passera par des interdictions. Comme celle de la voiture à énergie fossile en ville. Il n'y aura que ça pour marquer une grande évolution. Soyons honnêtes sur ce qui est efficace et ce qui ne l'est pas, et je m'inclus dedans. Ce n'est que parce qu'il y a des flashs qu'on ralentit sur les autoroutes et qu'on se limite à 130 km/h, sinon on aurait presque tous tendance à rouler à 140.

On vit dans un monde individualiste. Ce n'est que lorsqu'on est sanctionné de notre inaction qu'on se décide à agir. Pour faire réagir les hommes sur les grandes causes, qui ne sont pas souvent visibles à l'œil nu, il faut leur parler d'eux, leur expliquer par exemple ce que cela coûtera à leur santé. Je trouve toujours surprenant le nombre de personnes croyant en Dieu mais pas en la nature alors qu'on n'a jamais vu le premier et que l'on vit dans la seconde ! Parfois, dans ma tête, je m'adresse à Dieu, je lui dis que je ne crois pas en lui. On ne sait jamais, des fois qu'il me réponde. Mais pour ce qui est d'accéder au paradis, même si je serais aussi surpris que

RECORD **DU MONDE**

1re épreuve du Décastar 2018, le 100 mètres : **10''55**.

Saut en longueur : **7,80 m**.

Lancer du poids : **16 m**.

Saut en hauteur : **2,05 m**.

400 mètres : **48''42**.

110 mètres haies : **13''75**.

Lancer du disque : **50,54 m**.

Saut à la perche : **5 mètres** et…

… **45 centimètres** !

Lancer du javelot : **71,90 m**.

1 500 mètres : **4'36''11**.

9 126 points. Nouveau record du monde !
Le record était détenu depuis 2015 par l'Américain Ashton Eaton (9 045 points).

content de m'y retrouver à ma mort, je crois que je fais ce qu'il faut, que ça suit son cours. Et s'il n'y a rien, pas grave, j'aurai vécu en harmonie avec mes valeurs et je serai donc gagnant.

8

LE MEILLEUR DU MONDE,
TU DEVIENDRAS

Je n'ai surtout pas grandi dans l'idée de devenir un jour le meilleur du monde. Je n'ai pas fait du décathlon pour en être un jour le meilleur de tous les temps. Il y a des enfants champions que des parents destinent à ça, notamment dans le tennis, mais pas que là. Ce n'est pas mon cas. C'est d'ailleurs assez rare dans l'athlétisme, même si on pourrait peut-être le dire de Mondo Duplantis, qui vient de prendre à 20 ans le record du monde de la perche à Renaud Lavillenie. Son père était un bon perchiste, à 5,80 m, sa mère une heptathlonienne internationale. Il a appris à marcher avec une perche à la main et il a battu tous les records de toutes les classes d'âge. C'est un phénomène qu'on a vu arriver de loin. Mais ça marche rarement. Très rarement, même. On n'a d'ailleurs pas idée du nombre de fois où ça ne marche pas puisqu'on ne peut pas les compter.

En tout cas, tout cela ne m'a longtemps pas effleuré du tout. Et ce n'est toujours pas mon ressort. Je ne fais pas du décathlon pour être le meilleur du monde mais la meilleure version de moi-même. En fait, ce sont les autres, notamment les médias, qui m'ont parlé du record du monde avant que j'en fasse un objectif. Bien avant, même. Je daterais ça des Jeux olympiques de Rio. C'est assez étrange car je n'avais alors fini que deuxième mais, ce jour-là, ma compétition avec Ashton Eaton m'a poussé à me surpasser et j'ai bondi d'un coup de 8 521 à 8 834 points. Une progression de plus de 300 points en une fois, à ce niveau, c'est très rare. Je venais de battre le vieux record de France de Christian Plaziat, ses 8 574 points qui lui avaient valu le titre européen en 1990. Depuis, ils avaient tous buté dessus : Alain Blondel, Sébastien Levicq, Romain Barras... tous ces membres de la grande famille du décathlon français dont j'hérite forcément un peu.

Je revois très bien cette scène, dans ce qu'on appelle la « zone mixte » de Rio, un espace sous les tribunes en béton, à la sortie de la piste, où l'on serpente parmi les médias. Les journalistes ont commencé à me demander si je pourrais battre un jour le record d'Eaton alors que, justement, il répondait à des questions juste derrière moi. Alors je l'ai interpellé : « Eh, Ashton, ils me demandent si je pourrais battre ton record du monde un jour ! » Il a souri et, très sérieusement, il a répondu : « Dis-leur que oui ! » Je pense que j'avais ce potentiel dès l'année suivante, quand j'ai été champion du monde à Londres. Mais il aurait fallu pour cela que je sois parfait, or, en décathlon, ça n'a pas de sens. Ça n'a tellement pas de sens que j'ai frôlé le zéro à Londres, lors du concours de perche. Ashton avait pris sa retraite, tout le monde disait que j'allais être champion du monde et moi... je n'annonçais rien. J'avais mon décathlon à faire et, tant que la perche, la huitième épreuve, n'est pas finie, on peut tout redouter. À l'été 2017, je galérais justement avec mes perches, à l'entraînement je m'étais brûlé les mains et je n'avais pas sauté le mois précédant les Mondiaux. Je me disais que j'étais un compétiteur, qu'avec l'adrénaline, ça passerait, que ce n'était pas le moment de douter. Mais je pensais bien que ça serait compliqué et ça l'a été.

À mon premier essai à 5,10 m, ma première et seule barre, je me suis complètement loupé, j'ai été éjecté et j'ai fait une roulade pour ne pas me faire mal. Au deuxième essai, je raccourcis mon élan à dix foulées, mais je retombe sur la barre. Je suis en souffrance. Ça devient quitte ou double pour le troisième essai : je passe et je suis champion du monde, je rate et je ne suis rien. Je pense un temps que c'est foutu et je me prépare déjà à la suite en me posant dix mille questions. Est-ce que je finirai quand même mon décathlon ? Bertrand m'obligera-t-il à courir le 1 500 m pour rien ? En fait, je me prépare au pire pour amortir le choc de la déception à venir. Et puis je me ressaisis. Je me dis que je n'ai qu'une toute petite chance mais, en me recentrant sur les intentions, le geste technique, on ne sait jamais. Je me suis donc élancé et je me suis alors rendu compte qu'une course d'élan de dix foulées, c'était très long, qu'on avait le temps de penser à beaucoup de choses. Et pourtant, je n'ai qu'un truc en tête que je me répète : « Tu joues ta vie, tu joues ta vie… » Quand je comprends que je retombe à nouveau sur la barre, je tente une esquive désespérée. Je la frôle des cuisses jusqu'aux abdominaux, je la vois trembler… puis s'arrêter de bouger. Et je bondis du tapis en courant et en sautant comme un dément. Voilà donc à quoi ça tient de devenir champion du monde !

* * *

Un an après ce titre mondial, aux Championnats d'Europe à Berlin, les discussions ne tournaient même plus autour de la médaille d'or mais du record. Les journalistes considéraient que je n'avais aucun adversaire à ma mesure et ne me parlaient plus que de ça : « Le record du monde ceci, le record du monde cela… est-ce que tu y penses ? » Évidemment que j'y pensais ! J'étais plus fort que je ne l'avais jamais été. Ce n'est pas que j'étais agacé mais je trouvais que toutes ces questions autour du record manquaient de respect pour Ashton Eaton. Je considérais Ashton et son record comme tellement énormes qu'il me semblait complètement aberrant de me placer aussi haut juste pour une affaire de potentiel. C'est le genre de manque d'humilité qui heurte tous les décathloniens. On sait qu'un coureur de 100 m valant 9"50, il y parviendra un jour si on lui donne une dizaine de courses. Là, sur un décathlon, il y a suffisamment de risques et de fatigue pour qu'on s'interdise des effets d'annonce. D'autres ont eu le potentiel du record avant moi sans jamais y arriver, comme Bryan Clay, et ce n'était pourtant pas faute d'avoir essayé. Berlin en a apporté la preuve dès la deuxième épreuve.

Cela ne veut pas dire que les médias m'ont pollué l'esprit et que je leur dois mon zéro à la longueur. Personne ne me met jamais plus de pression que je ne m'en mets moi-même et j'ai déjà raconté ce qui s'était passé, comment je n'ai pas su adapter mes marques techniques à mon incroyable potentiel du moment. Mais forcément, quand vous attendez ça depuis un an et que, avant même d'être fatigué ou blessé, vous voyez un drapeau rouge définitif se lever, vous avez un sale moment à passer. J'étais face à un grand vide émotionnel. Mes proches ne m'ont pas accablé. Je leur ai dit que j'étais au bord du gouffre alors ils ne m'y ont pas poussé. Jérôme, mon préparateur, m'a vite dit : « Ne pense qu'à toi, n'assume pas la tristesse des autres, c'est déjà du passé, pense à la suite et rebondis ! » Avec Bertrand, on a décidé de ne pas finir ce décathlon. Ça m'a énormément soulagé qu'il prenne lui-même cette décision. Financièrement, par rapport à mes contrats, cela aurait eu un intérêt.

Mais pas sportivement et c'est ce qui compte. Mieux valait ne pas me blesser, me préserver. Ce n'est que du sport. Ça ne m'avait pas tué et je n'avais pas tué.

Depuis les tribunes, j'ai regardé la suite des épreuves et j'ai encore plus senti combien j'aimais cette discipline. Et comme je ne suis pas du genre à ruminer, je suis très rapidement passé à autre chose. Deux jours après, la décision était prise de faire Talence. Je l'ai annoncé aux journalistes à Berlin et ils ont tout de suite fait le rapprochement avec Dan O'Brien. En 1992, O'Brien était le meilleur du monde et partait favori pour les Jeux olympiques à Barcelone. Mais il a fait un zéro à la perche lors des Sélections olympiques américaines et n'est pas allé en Espagne. Au lieu de ça, il est allé à Talence et il y a battu le record du monde… Le record me poursuivait.

En tout cas, ce n'était pas très compliqué de rebooster ma motivation, il me suffisait de surfer sur ma frustration. Je dis bien « frustration » car il n'y avait pas de sentiment de « revanche ». On a décidé de ne rien modifier à nos plans. C'est-à-dire que l'on n'a pas remis en cause ma manière d'appréhender les épreuves. Et je suis même parti en vacances aux endroits prévus. Sauf que je m'entraînais. Je me suis vite organisé. Pour la muscu, je peux me contenter de mon poids de corps, c'était simple. Pour les pistes d'athlé, je cherchais sur Google Maps. Pour mes séances aérobie, ça pouvait être dans les vignes, près de Perpignan, sur la piste cyclable de l'île de Ré. Des gens m'y ont reconnu et ont cherché à m'arrêter. Ils ne pouvaient pas savoir ce que je préparais...

* * *

Talence, c'est la Mecque des épreuves combinées. En réalité, il y a deux Mecque, l'autre étant à Götzis, en Autriche. Mais forcément, pour un décathlonien français, Talence est à part. Le stade est champêtre, au milieu de la forêt de Thouars. Une seule tribune d'honneur, comme on en voit dans presque tous les petits stades de France, côté ligne d'arrivée. Sinon, des talus en herbe tout autour. Pendant deux jours, ils s'y sont entassés à 15 000 spectateurs rien que pour nous, heptathloniennes et décathloniens. En termes d'ambiance, c'est difficile de faire mieux. Normalement, en championnat, l'ambiance fluctue pendant la journée. Les finales des épreuves sont programmées le soir et les stades sonnent souvent assez creux le matin, quand on débute nos journées. Et ils sont carrément vides entre les deux sessions de la journée, quand il n'y a plus que nous qui nous employons. Ça ne me dérange pas en fait. J'aime bien ces variations. On ne peut pas être dans un pic d'adrénaline et de brouhaha pendant dix ou douze heures. On a quand même nos supporters qui nous suivent et la compétition crée le reste. Je trouve même que faire dans le calme le concours de perche, de loin l'épreuve la plus longue, surtout pour moi qui débute tard, quand la barre est bien montée, a ses avantages. J'en profite alors pour faire une sieste à l'ombre.

Je me suis toujours considéré comme un homme de championnats depuis que j'ai vu comment ils me transcendaient quand je n'étais encore que cadet. Jusque-là, je n'avais disputé mes grands décathlons qu'en grands championnats. Talence, je n'y étais allé que pour le plaisir d'une fin de saison, pour faire quelques épreuves et participer à la fête du décathlon. Bref, je tenais là une occasion énorme de m'y présenter en forme et à fond pour la première fois. Mais c'était forcément bizarre. Lorsque vous êtes en championnat, vous y êtes pour gagner. Là, gagner n'était pas un enjeu. Sans record du monde, ce décathlon servirait un peu à rien au final. D'une certaine manière, ça me mettait encore plus de pression.

Cet enjeu-là était donc présent à chacune de mes épreuves. Je me disais que ça pouvait capoter à tout moment. L'idée était d'essayer d'agir en spécialiste de chaque épreuve pour y faire de mon mieux et gagner chacune d'entre elles. En deux jours, j'en ai gagné huit sur dix, preuve que j'étais essentiellement face à moi-même ce week-end-là. Jusqu'à ce record à Talence, j'avais toujours dit que j'avais besoin d'adversité pour être performant, me sublimer, mais c'est la preuve que ce n'est pas vrai. C'est mon esprit qui donne de l'importance à l'événement. Et plus il en donne, plus je repousse mes limites, peu importe l'adversité.

Se battre contre le score ou contre des adversaires sont pourtant deux sensations extrêmement différentes. C'est beaucoup plus difficile de se mobiliser face au score car il n'est pas matériel, on ne peut pas le toucher. Alors que j'adore la sensation « malaisante » d'être collé par un mec pendant deux jours, qui te pousse naturellement à te dépasser. Alors, pour réussir, je me suis battu contre les points comme un chien à chaque essai, en renonçant à toute idée de gestion de l'effort, cette gestion qui s'insinue toujours un peu en vous, inconsciemment ou non, pendant un championnat. À Talence, j'ai vécu chaque troisième essai comme un coup de pied au cul supplémentaire. Entre longueur, hauteur, disque et javelot, je suis ainsi allé chercher 258 points supplémentaires sur ces troisièmes essais. Sincèrement, c'est beaucoup. À titre de comparaison, lors de son dernier record, Ashton Eaton n'en avait pris aucun.

* * *

La veille de mon record, je me suis fait un grand kif. Je me suis enquillé tous les Dunk Contests des All-Star Games de NBA que je n'avais pas encore vus. Or, comme je ne regarde la NBA que depuis quatre ans, ça en faisait pas mal à rattraper. Je me suis fait un historique, depuis 1990. Notez bien que ça n'est pas une méthode de préparation mentale en soi. Il n'y avait aucune arrière-pensée de ce type. J'essayais seulement d'être dans l'instant présent. J'adore la plénitude qui précède un décathlon. On est en forme, on n'a plus qu'à attendre. C'est un moment que j'apprécie pour ce qu'il est, je ne me projette pas dans ce qui va suivre. C'est un atout, je ne me fais pas le film de mes dix épreuves. Je les prendrai comme elles viendront. Mais la pression, évidemment, m'a rattrapé.

Trente minutes avant le 100 m, j'entendais mon cœur battre dans mes oreilles. C'en était presque insupportable. Je n'avais qu'une hâte, c'est que le coup de feu du starter retentisse pour me libérer de cette attente. J'avais le corps en ébullition, une difficulté à respirer. Je me suis tourné vers Jérôme, il m'a dit qu'il allait bien falloir que je m'y habitue. Comme j'étais dans la dernière série de 100 m, j'ai regardé les précédentes. Mon pote Florian Geffrouais a fait 11"53. Certes, je lui mettais des vents à l'entraînement mais quand même pas de quoi lui mettre une seconde dans la vue. Alors je me suis dit « Merde, si ça se trouve, tu vas faire 10"90 et ce sera mort pour la suite ! » Le stress est remonté. Et puis, aux ordres du starter, j'ai fait le vide pour me concentrer sur mes intentions. En 10"55, j'ai battu mon record et je me suis délivré.

Le 100 m m'a apporté une réponse sur mon état de forme. Il était encore meilleur qu'à Berlin.

Et cela donne une indication sur la suite, sur le fait que j'allais pouvoir réaliser de grandes choses. Cela crée la dynamique d'un bon décathlon. Car courir vite un 100 m, ça veut dire courir vite en longueur et sauter loin. Sauf que, après ce qui s'était passé à Berlin, c'était évidemment l'épreuve redoutée. J'avais peur de reproduire l'erreur, que mon cerveau ait intégré ma mauvaise appréhension de la planche, que je morde à chaque fois. J'avais fait une séance encourageante la veille, sans jamais mordre, mais en compétition... Et puis j'ai fait un premier essai pleine planche à 7,59 m rassurant, à 6 cm de mon record, qui m'a libéré. Au troisième essai, j'explose mon record à 7,80 m.

Deux épreuves, deux records. Je ne sais pas si c'est l'adrénaline, le stress ou l'attente qui a suivi mais je me suis retrouvé avec les jambes qui tremblaient un peu au moment de lancer le poids. Heureusement, sans avoir des sensations exceptionnelles, je me suis simplifié la vie avec un bon premier jet à 16 m. Ce n'était pas parfait, il y avait moyen de faire bien mieux alors j'ai voulu relancer deux fois. C'était une erreur, mes sensations, peut-être les moins bonnes du week-end, ne me permettaient pas d'aller plus loin ce jour-là. Or toute énergie dépensée peut venir à manquer par la suite.

D'habitude, dans un championnat, il y a un long break entre poids et saut en hauteur. Là, il n'y avait guère que le temps de manger un morceau et de s'y remettre. Or le système nerveux a besoin de passer par des points bas. C'est ce qui m'est arrivé en hauteur, où je ne suis pas passé loin de tout faire capoter. Je me disais, tant que je ne suis pas à tel niveau, ce n'est pas la peine de penser au record du monde. À 1,99 m, quand je passe au troisième essai, je me dis : « Ah tiens, je peux peut-être faire un décathlon à plus de 8 900 points... » Mais je pense que c'est encore insuffisant, que je n'ai pris aucune marge pour la suite. En fait, après coup, si on fait les calculs, 1,99 m aurait suffi, mais ce sont des calculs a posteriori qui n'ont aucun sens puisqu'ils ne prennent pas en compte la dynamique psychologique du moment. À tel point que lorsque je passe 2,02 m, encore au troisième essai, je me dis : « C'est peut-être encore un peu juste, mais si je passe la barre d'après, je serai vraiment bien pour le record... »

La hauteur a été l'épreuve la plus chaotique de mon week-end. Techniquement, j'ai déjà expliqué que je ne peux plus la travailler à l'entraînement à cause de mon genou douloureux. Ma course d'élan n'était pas bonne, je ne montais pas assez mes genoux. Je m'élevais haut à l'impulsion mais je retombais sur la barre. Parce que je ramenais mes jambes trop tôt et que mes fesses touchaient. À mon troisième essai à 2,05 m, j'ai demandé une énorme claque au public. Quand vous avez 15 000 personnes qui vous portent, ça peut modifier le cours des choses de quelques millimètres. Ça transcende. Quelle sensation ! J'ai frôlé la barre, encore, mais elle n'est pas tombée...

Évidemment, enchaîner treize sauts en hauteur n'est pas sans conséquence avant un 400 m. Il en reste forcément quelque chose dans les jambes. Surtout que le 400 m est un effort lactique éprouvant. Il y a peut-être une forme de masochisme dans la condition du décathlonien, mais j'avoue avoir appris à aimer le goût du lactique. Bref, j'étais heureux de courir ce tour de piste et je suis donc parti vite. J'étais au couloir 5 et j'avais en point de mire, au 6, un Américain, Steven Bastien, au record supérieur au mien sur la distance. Il valait 47"50 alors, quand je l'ai dépassé après seulement 60 ou 80 m, je me suis dit que j'étais parti trop vite. J'ai donc relâché mon effort et je le regrette. Ce changement de rythme m'a fait perdre une énergie énorme. J'ai peiné à me relancer ensuite et je me suis contenté d'un chrono (48"42) inférieur à mon record (48"26) alors que je valais bien mieux ce jour-là.

* * *

Après cette première journée, j'étais en avance sur le record. Heureux, mais mort. Entre Delphine et Jérôme, je me suis fait masser pendant trois heures. Je me suis couché avec ma machine à électrostimulation et j'ai dormi avec. J'ai fermé les yeux et j'ai eu l'impression que le réveil sonnait deux minutes après. Une horreur. Je suis retourné au stade dans un mélange de confiance et de peur. J'allais devoir affronter 110 m haies, disque et perche, trois épreuves à risque alors que je sentais mes jambes fléchir. Je n'étais physiquement plus présent, j'avais une boule au ventre et, à l'échauffement, j'avais presque du mal à marcher. Alors je m'en suis remis à l'euphorie du moment, celle qui me faisait tenir debout. L'échauffement est de toute façon à double tranchant. On a tous besoin de se mettre en confiance avant de courir mais il y suffit parfois d'un mauvais départ pour se dire qu'on va faire une mauvaise course. Je n'ai pas besoin de ça. Je puise ma confiance dans mon entraînement plus que dans mon échauffement. Ce n'est pas un mauvais échauffement qui me rendra nul en course. De fait, mon 110 m haies a été très propre techniquement. Et très proche de mon record, à 4 cm.

Mais au disque, ma fatigue s'aggravait. J'avais de nouveau les jambes en coton, comme au poids la veille. J'ai alors fait des apnées, j'avais du mal à me mettre dedans mais j'ai assuré un premier essai très honnête, à 46 m. Puis un deuxième à 48 m. Mon bassin n'avançait pas comme je voulais et la sono me défonçait l'oreille. J'ai donc demandé, comme à la hauteur à un moment la veille, qu'on la coupe. J'ai tout de suite senti que ça m'apaisait. Puis j'ai demandé au public de renforcer cette tension en observant un silence total. J'entendais les mouches voler, c'était électrique. Cette alternance des ambiances a l'avantage de rendre chaque instant unique d'un point de vue sensoriel. Le public a joué le jeu à fond, il s'est tu complètement et j'ai trouvé incroyablement stimulant ce respect de 15 000 paires d'yeux qui m'observaient sans rien dire, en retenant sa respiration. Ça décuplait la pression mais c'était bon. Je devenais le maître du temps. Il s'était arrêté et j'avais le pouvoir de l'accélérer. Dans ma cage, au bout de mes rotations, j'ai retardé mon bras au maximum pour démultiplier l'effet catapulte et, quand j'ai lâché mon disque, qu'il a quitté le bout de mes doigts, j'ai tout de suite su qu'il partait à plus de 50 m (50,54 m). C'était jouissif.

J'avais alors deux heures de pause avant le concours de perche et il fallait trouver quelque chose pour me ressourcer. J'en avais un peu marre de ces moments tués dans les vestiaires du stade entre chaque épreuve, avec mes proches, mes soins, dans une espèce de sous-sol sans fenêtre un peu opprimant. J'avais au contraire besoin de m'oxygéner. Je me suis dit qu'il était dommage de ne pas profiter d'être en pleine forêt de Thouars. Et voilà comment on s'est retrouvé à partir pique-niquer au beau milieu de mon record du monde. Je me suis planqué sous ma capuche pour sortir du stade incognito. Mon frère Thomas m'avait ramené une boîte avec l'énorme salade composée par ma mère. Il y en avait au moins pour cinq personnes. On s'est installés dans une clairière, loin de la fureur du moment, des caméras et des stylos qui me collaient au plus près depuis deux jours. On a mangé, parlé, ri. J'étais allongé au pied d'un arbre, à l'ombre, le ciel bleu au-dessus de ma tête se glissant entre les feuilles. J'ai fermé les yeux, je flottais entre deux états, au milieu de nulle part. C'est fou ce que j'étais bien.

À mon retour sur la piste, mon concours de perche s'est déroulé comme dans un rêve. J'avais l'impression de pouvoir courir n'importe comment, d'impulser n'importe comment et que ça serait sans conséquence. À ma première barre, à 5,05 m, je me suis pris une petite rafale de vent de face qui a coupé net mon élan. Pas grave. Je suis reparti en bout de piste, le temps tournait, il est très limité pour chaque essai. J'ai tout de suite remis les moteurs et, chose très rare dans ces cas-là, je suis passé. Largement qui plus est. Or ça, c'était la barre du stress. À partir de là, j'avais la certitude que j'irai au bout de ce décathlon. Plus rien ne pouvait plus m'arrêter, je n'avais plus qu'à engranger tous les points que je pouvais. À 5,25 m, je me dis que le record n'est plus très loin. À 5,35 m, qu'il est à portée de main. À 5,45 m, je suis tellement mort que je n'en reviens pas d'être passé tandis que je retombe sur le tapis. Je regarde le public, je pousse un énorme cri, lui aussi. S'il n'y avait qu'une bonne raison de faire du sport, ce serait pour vivre ces moments-là.

Dès lors, le record ne faisait plus vraiment de doute. Le javelot ne devait servir qu'à me permettre de faire du 1 500 m une promenade la moins désagréable possible. Mais mes deux premiers jets ont été mauvais. Le premier est parti trop à plat (66 m), le deuxième trop haut (65 m). Je me suis énervé contre moi-même. Je me disais que j'avais de la foudre en moi et qu'il fallait absolument que j'en profite au maximum. J'en parle avec Jérôme et Bertrand, ils me disent de me recentrer sur mes intentions. Je pense alors à Jan Zelezny, le recordman du monde, le maître, à ses vidéos que j'ai tant de fois visionnées, à son incroyable poussée pied droit. « Allez, ne pense plus qu'à ça, rentre dans ton javelot en poussant pied droit ! » J'ai demandé la claque, j'ai poussé fort et quand le javelot est parti dans son tube et que j'ai vu qu'il ne faisait plus qu'un point vibrionnant dans le ciel, j'ai su : 71,90 m, record pulvérisé ! Je n'y croyais pas, mes coaches pleuraient, tout le monde hurlait, les tribunes vibraient. J'ai traversé les dix secondes les plus fortes de toute ma carrière.

Le record était tellement acquis que, de retour au vestiaire, la pression est retombée et j'ai fondu en larmes. Impossible de me retenir. Tous mes proches étaient là, aucun n'osait parler. Ça a duré une poignée de minutes. La situation était bizarre car il me restait un 1 500 m. Je n'avais encore jamais exploré la fatigue à ce point-là. J'étais usé, vidé, cramé. J'avais perdu toute lucidité mais je devais encore en passer par cette épreuve de la mort. Il me suffisait de courir 4'49" pour battre le record d'Eaton. La retraite d'Ashton avait créé une sorte de vide pour moi. J'avais rêvé pouvoir le battre sur la piste. Et là, c'était un peu comme si j'en avais l'occasion.

Mon avance de 200 points sur le record était tellement grande et mon état physique proportionnellement tellement lamentable que je n'avais pas à prendre de risque sur ce 1 500 m final. La dernière chose que je pouvais craindre, c'était des crampes qui me cisailleraient les jambes en plein effort et qui m'empêcheraient de finir. On a convenu avec Florian Geffrouais qu'il serait mon premier lièvre puis que Jérémy Lelièvre prendrait son relais. Florian est parti sur le rythme convenu mais j'avais tellement peur que je suis parti encore plus prudemment que prévu. Quand il s'est retourné, il a vu que j'étais à la ramasse et que je ne l'avais pas suivi. Alors Jérémy a relayé beaucoup plus tôt que prévu. Pendant un kilomètre, j'ai couru à tâtons. Puis mes muscles se sont peu à peu relâchés. Jérémy m'a fait recoller à Florian. Puis je les ai doublés et j'ai accéléré dans les 500 derniers mètres pour me lancer dans le sprint final avec eux, qui me suivaient juste derrière. Une belle histoire.

Car quand on était ados, Jérémy avait plus de capacités physiques que moi. Le jour où j'ai gagné mon premier titre national, en salle, en cadets, c'est parce que Jérémy avait été disqualifié sur les haies. Mais, l'été venu, c'est lui qui avait gagné le titre en plein air. Ce jour-là, il pouvait battre le record de France mais il était parti sur un faux rythme au 1 500 m. J'étais derrière lui, je l'ai passé et je lui ai dit de me suivre. Je l'avais aidé à battre le record. C'était un grand moment. Xavier Berthet, mon coach d'alors, était en larmes. Il disait qu'il n'avait jamais vu un aussi bon esprit dans une compétition. Moi, je n'avais rien à gagner, ni à perdre, j'étais assuré d'être deuxième et cela m'avait semblé naturel.

Là, à Talence, c'est Jérémy qui m'a emmené tout naturellement vers le record du monde.

Dans la dernière ligne droite, chaque foulée m'a semblé plus pénible que la précédente mais je me disais : « Surtout profite, tu ne revivras peut-être plus jamais ça ! » J'ai regardé le public, c'était vachement fort et beau. J'étais alors bien au-delà de la joie, dans la plénitude. Sur la ligne d'arrivée, les autres avaient l'air plus heureux que moi parce que cette explosion, je l'avais vécue au javelot. L'Allemand Arthur Abele, le champion d'Europe un mois plus tôt, m'a tout de suite pris dans ses bras. Et puis je suis tombé par terre, d'un seul coup. J'ai fermé les yeux et, pendant quelques secondes, tout était noir. Un peu comme dans une salle de cinéma à la fin de la projection d'un super film, quand le cerveau a tout imprimé mais pas encore trié, juste avant qu'on rallume les lumières.

Mon record du monde

Discipline	Performance	Nombre de points
100 m	10"55	963
Longueur	7,80 m	1 010
Poids	16,00 m	851
Hauteur	2,05 m	850
400 m	48"42	889
110 m haies	13"75	1 007
Disque	50,54 m	882
Perche	5,45 m	1 051
Javelot	71,90 m	918
1 500 m	4'36"11	705
Total		**9 126**

Chronologie du record du monde depuis 50 ans

(calculs réalisés avec la table actuelle de cotation des épreuves, modifiée pour la dernière fois en 1985)

Nikolay Avilov (URS) : 8 466 pts, Munich 1972
Bruce Jenner (USA) : 8 634 pts, Montréal 1976
Daley Thompson (GBR) : 8 648 pts, Götzis 1980
Guido Kratschmer (RFA) : 8 667 pts, Filderstadt 1980
Daley Thompson (GBR) : 8 730 pts, Götzis 1982
Jürgen Hingsen (RFA) : 8 741 pts, Ulm 1982
Daley Thompson (GBR) : 8 774 pts, Athènes 1982
Jürgen Hingsen (RFA) : 8 825 pts, Filderstadt 1983

Jürgen Hingsen (RFA) : 8 832 pts, Mannheim 1984
Daley Thompson (GBR) : 8 847 pts, Los Angeles 1984
Dan O'Brien (USA) : 8 891 pts, Talence 1992
Tomas Dvorak (RTC) : 8 994 pts, Prague 1999
Roman Sebrle (RTC) : 9 026 pts, Götzis 2001
Ashton Eaton (USA) : 9 039 pts, Eugene 2012
Ashton Eaton (USA) : 9 045 pts, Pékin 2015
Kevin Mayer : 9 126 pts, Talence 2018

9

TES LIMITES, TU EXPLORERAS

Poser la question de la limite de la performance humaine est forcément un sujet excitant. Peut-être parce qu'il est impossible d'y apporter une réponse claire et surtout pas définitive. Le sport n'est pas une science exacte, loin de là. Les records, qui en déterminent d'une certaine façon les limites, sont faits pour être battus et repoussent sans cesse ces limites. Ce que je trouve justement de précieux dans le champion, c'est qu'il ne se pose pas plus de limites qu'il ne se pose la question de la limite. C'est la *Mamba Mentality* de Kobe Bryant : je vais à l'entraînement, j'essaie de comprendre au mieux, de m'exprimer au mieux, encore et encore, et on verra où ça me conduira en compétition. En fait, le champion n'essaie jamais d'atteindre la limite de l'homme. On se doute que cette limite existe, qu'on ne courra jamais le 100 m en moins de 5 secondes... Mais sans avoir la moindre idée de là où elle peut bien se situer. Le champion veut seulement repousser ses propres limites personnelles pour voir jusqu'où il peut aller, en profitant de ses adversaires pour se transcender. On est toujours dans une forme de relativité et non d'absolu.

Quand Ashton Eaton avait battu son dernier record du monde, aux Championnats du monde de Pékin, en 2015, on ne se disait pas qu'il serait battu trois ans plus tard. Et j'étais le premier à ne pas y penser. C'est pour ça qu'en matière de sport il ne faut jamais dire jamais et se laisser surprendre par les choses. Après mon record, Ashton a dit qu'il se doutait que son record tomberait mais qu'il ne pensait pas qu'il tomberait si vite. Il expliquait aussi que d'avoir concouru en même temps que lui et contre lui m'avait probablement aidé à ne pas me fixer certaines limites, à considérer comme possible de faire au moins aussi bien que lui puisque je l'avais vu de mes yeux, que j'avais vu que ce n'était pas le fait d'un extraterrestre mais qu'il avait au contraire des points faibles qui pouvaient me laisser espérer faire mieux un jour. C'est vrai. Mais dans quelles proportions cela a-t-il pu jouer, c'est impossible à dire. Dans son cas, j'ai été plus inspiré par sa personnalité que par son record. L'intelligence, dans le sport, c'est de grappiller tout ce qui peut être positif chez les autres. Et Ashton étant dans le partage, il m'a aidé. Après, le voir prendre sa retraite alors que je venais de le titiller aux Jeux de Rio m'a peut-être fait penser différemment. Le seul moyen de continuer à me bagarrer contre lui était de lui prendre son record.

Je peux dire aujourd'hui que le record du monde m'a enlevé un poids. C'est fait, il est là, personne ne pourra plus jamais me l'enlever. J'ai montré qu'on pouvait aller plus loin que ce qui avait été réalisé jusque-là. J'ai ainsi fait ma part dans l'histoire du décathlon. Cela ne veut bien sûr pas dire que je vais m'arrêter là. Mais je peux désormais me concentrer sur les titres. Et comme je suis d'un naturel optimiste, je me dis évidemment que je pourrais rebattre le record un jour. D'autant que j'ai conscience d'avoir encore progressé depuis ce week-end de septembre 2018 à Talence. Simplement, ce ne sera jamais une obsession.

Depuis que je suis recordman du monde, j'évolue dans l'inconnu puisque personne n'est jamais allé aussi loin. Je suis en train d'écrire sur une page blanche et ce que j'écrirai sera dicté par ma volonté, car elle seule peut m'aider à repousser ma limite. Si je devenais champion olympique, j'ai le sentiment que le reste de ma carrière ne serait plus qu'anecdotique. Mais l'honnêteté me force à reconnaître que le rêve ultime serait de battre le record du monde pendant les Jeux olympiques, ce qui n'est plus arrivé depuis Daley Thompson en 1984 à Los Angeles.

On dit qu'on ne peut pas disputer un décathlon à plus de 95 % de son potentiel maximal car, en dix épreuves, il y a forcément des pertes ici ou là, ne serait-ce qu'en raison de la fatigue qui s'accumule. À Talence, j'étais à plus de 97 % de mon potentiel. Le sport, ce n'est pas des maths mais des surprises. Tu ne peux pas calculer. Tout ne peut pas être corrélé le jour J. Quand on se rapproche de 100 % de son potentiel pendant deux jours, on ne peut pas parler de chance. Mais sans doute en faut-il un peu pour réaliser le décathlon optimal et battre tous ses records le même week-end. Au plus haut niveau, cela paraît improbable. Gagner au loto une fois arrive déjà rarement dans une vie d'homme, alors plusieurs fois... Mais imaginons que j'y parvienne : si l'on prend tous mes records personnels et qu'on en fait la somme, cela donnerait actuellement un peu plus de 9 500 points !

Mon record absolu : 9 492 points
(par addition de mes dix records)

Discipline	Performance	Nombre de points
100 m	10"50	975
Longueur	7,80 m	1 010
Poids	17,08 m	918
Hauteur	2,10 m	896
400 m	48"26	897
110 m haies	13"54	1 035
Disque	52,38 m	920
Perche	5,60 m	1 100
Javelot	73,09 m	937
1 500 m	4'18"04	825
Total		**9 513**

Mon potentiel est indéchiffrable parce que je suis encore dans une phase ascendante, que j'ai progressé depuis Talence et que je le ferai encore, je pense. Si je devais donner un chiffre, tout en insistant sur le fait que cela ne signifie absolument pas que ça arrivera, je dirais que ma « limite » se situe peut-être aux environ de

9 600-9 700 points. Si tout se goupillait à merveille... Mais on entre là dans des équations à multiples inconnues. J'ai découvert la vraie fatigue avec mon record du monde. J'ai mesuré combien 9 100 points exigeaient des ressources très différentes dans le corps et la tête de celles que j'avais déployées pour atteindre 8 800 points. Concrètement, il me paraît par exemple peu probable de pouvoir réussir le même concours de perche que celui que j'ai connu à Talence si j'y arrive en ayant déjà puisé beaucoup plus, si j'ai franchi des seuils supplémentaires de fatigue musculaire et mentale, lors des sept épreuves précédentes.

Jérôme, mon préparateur physique, parle parfois, lui, des 10 000 points comme de quelque chose de réalisable. Honnêtement, dans mon cas, cela n'arrivera pas. Il me faudrait plus de temps d'entraînement pour y arriver et ce n'est pas possible dans une vie, dans ma vie. Je touche donc là aux limites de mon corps. Je ne me considère pas non plus comme un phénomène physique. Je pense que des décathloniens comme Ashton Eaton, Tomas Dvorak ou William Motti avaient naturellement plus d'atouts physiques que moi. Avec leur physique et mes aptitudes d'apprentissage, ma manière de bosser, un mec pourrait peut-être parvenir à 10 000 points un jour. Dans le tableau qui suit, on voit qu'en prenant le décathlon idéal des meilleurs décathloniens de l'histoire, c'est-à-dire les records de tous ceux qui ont un jour été médaillés mondiaux ou olympiques, les 10 000 points ne sont pas complètement fantaisistes.

Mon sport évolue beaucoup moins vite que d'autres du fait de sa particularité, sa complexité, l'impossibilité d'en faire plus d'un ou deux par an. On pourrait me dire que les plus grands coureurs ne font pas plus de marathons à très haut niveau que nous de décathlons et que ça ne les empêche pas d'y exploser les performances ces dernières années. Mais l'évolution récente du marathon doit à mon avis beaucoup à une aide technologique, celle des chaussures assez révolutionnaires inventées par Nike. Les décathloniens ne bénéficient pas de ce genre d'innovations technologiques. Grâce au phénomène du running, le marathon est un marché colossal. Le décathlon, lui, est une niche. Il est très loin d'être aussi pratiqué que le foot et cela diminue également d'autant ses chances d'être un jour en contact avec un génie absolu.

Le record des décathloniens : 10 339 points
(par addition des records des médaillés olympiques ou mondiaux)

Discipline	**Auteur**	**Performance**	**Nombre de points**
100 m	Warner (CAN)	10"12	1 066
Longueur	Warner (CAN)	8,28 m	1 133
Poids	Pappas (USA)	17,26 m	929
Hauteur	Schenk (RDA)	2,27 m	1 061
400 m	Eaton (USA)	45"00	1 060
110 m haies	Warner (CAN)	13"36	1 059
Disque	Clay (USA)	55,87 m	993
Perche	Nool (EST) et moi	5,60 m	1 100
Javelot	Kaul (ALL)	79,05 m	1 028
1 500 m	Litvinenko (URS)	4'05"90	910
Total			**10 339**

Il y á quelque temps déjà, j'avais calculé ce que donnerait le record, totalement fictif, du décathlon si l'on prenait les dix records du monde de nos épreuves. On arriverait aujourd'hui à plus de 12 500 points. Ça n'a évidemment pas beaucoup de sens par rapport à ma pratique. Ce n'est pas quelque chose vers quoi je peux me projeter. Mais j'avais envie, par curiosité, de mesurer quel serait le niveau d'un extraterrestre, le niveau de quelqu'un qui aurait d'une certaine façon dix vies à consacrer au décathlon. Car pour arriver à ce niveau-là, il ne faut pas s'y tromper, il faudrait bien dix vies. On entre alors dans la science-fiction. J'adore la science-fiction…

J'espère que je verrai de mon vivant un homme réaliser 10 000 points. Je pense que ce serait un spectacle fabuleux. Mais ça passerait à mon avis par une révolution. La plus simple, la plus réaliste, ce serait une modification des règles de ma discipline, c'est-à-dire de sa table de cotation. Cette table est le seul moyen d'additionner des performances de disciplines qui n'ont rien à voir entre elles en les transformant en points. Dans l'histoire du décathlon, elle a déjà évolué à plusieurs reprises. Lors de sa première codification officielle par la Fédération internationale pour les JO de 1920, il y a cent ans, la table reposait sur les records olympiques de l'époque pour chaque discipline, en gros comme si chacun d'eux valait 1 000 points, et sa grille était très linéaire.

Le record des records : 12 591 points
(par addition des records du monde
des dix épreuves)

Discipline	Auteur	Performance	Nombre de points
100 m	Bolt (JAM)	9"58	1 202
Longueur	Powell (USA)	8,95 m	1 312
Poids	Crouser	23,37 m	1 311
Hauteur	Sotomayor (CUB)	2,45 m	1 244
400 m	Van Niekerk (AFS)	43"03	1 164
110 m haies	Merritt (USA)	12"80	1 135
Disque	Schult (RDA)	74,08 m	1 383
Perche	Duplantis (SUE)	6,18 m	1 291
Javelot	Zelezny (RTC)	98,48 m	1 331
1 500 m	El Guerrouj (MAR)	3'26"00	1 218
Total			**12 591**

Par la suite, il y a eu pas mal d'ajustements, notamment pour intégrer que les progrès au plus haut niveau deviennent marginaux et donc mettre en place un système plus progressif. Il a fallu aussi prendre en compte certaines inventions, comme les perches en fibre de verre ou le saut en hauteur dorsal de Dick Fosbury, et faire en sorte que l'explosion des performances dans une discipline ne fausse pas tout. Jusqu'à la dernière version, qui date de 1985, la plus équilibrée. Mais une modification de la table qui rendrait les 10 000 points plus faciles rendrait impossible toute comparaison avec ce que je fais...

Les 10 000 points pourraient aussi passer par du dopage technologique. Pour quelqu'un comme moi, fan de la performance physique pure, c'est un sujet passionnant. À condition que l'on s'entende d'abord sur ce qu'on appelle « dopage technologique ». Car il faut voir les choses en face, tant qu'on ne court pas tous pieds nus, on n'est pas égaux. C'est un fait. Et c'est un fait depuis longtemps. Ce serait intéressant de créer des compétitions nu-pieds, une sorte de « paléo-compétition », comme les pratiquaient, d'une certaine façon, les athlètes antiques à Olympie, il y a 2 500 ans. Sans aller jusqu'à concourir complètement nus comme eux, bien sûr... Ce serait intéressant mais je trouverais ça dommage que ça devienne une norme réglementaire figée.

J'aime au contraire beaucoup l'aspect technologique de l'athlé et du sport en général. Non seulement je ne trouve pas choquant que le sport s'inscrive dans son temps, mais je trouve très sain qu'il profite de ses avancées scientifiques. Il est même parfois nécessaire de savoir les utiliser. Prenez le lancer du javelot. En 1984, un lanceur est-allemand, Uwe Höhn, avait lancé le sien à près de 105 mètres et il a fallu très vite changer le centre de gravité des javelots pour qu'ils retombent plus vite sinon on allait finir par tuer quelqu'un avec, de l'autre côté du stade…

L'adaptation du sport aux progrès de la science et de l'homme est inévitable. Je ne le vois pas comme du dopage. Si l'on accepte le principe de courir ou sauter avec des chaussures, il s'agit juste de mettre des règles, un cadre, dans lequel les différentes marques peuvent travailler, pour que cela ne génère pas trop d'avantages ou de désavantages entre les athlètes. Et tant que les équipementiers travaillent à l'intérieur de ces règles, cela ne change pas fondamentalement la philosophie du sport. Mon équipementier, Nike, est le meilleur en matière de développement technologique. Certains parlent en ce moment de dopage technologique au sujet de ses chaussures. Je n'irais pas jusque-là. Ils ont trouvé un moyen, entre plaque rigide de carbone et autres matériaux amortisseurs dans la semelle, de créer un meilleur renvoi de l'énergie appliquée au sol. Tant qu'il n'y a pas de moteur dans la chaussure et que c'est nous qui créons l'énergie, cela ne me dérange pas.

Mais il faut reconnaître qu'en l'espace de quatre ans, Nike a fait un bond de vingt ans et pris beaucoup d'avance sur ses rivaux. Si toutes les marques avaient évolué en même temps, et de manière plus progressive, plus lente, on ne s'en serait probablement pas rendu compte puisque cela a toujours été le cas. D'où la nécessité de légiférer pour préserver une forme d'équité sportive. La Fédération internationale a en quelque sorte dit : « OK, vous êtes arrivés à ce stade de développement technologique, mais on s'arrête là, on limite l'épaisseur des semelles à tant de centimètres et le nombre de plaques à une ! » D'une certaine façon, la technologie de Nike est arrivée trop vite, en avance sur notre temps. On ne peut pas le lui reprocher mais il est logique d'y mettre un frein pour laisser la possibilité aux autres de rattraper leur retard.

D'une façon générale, je ne vis pas dans l'idée du « c'était mieux avant ». Quand je vois de vieilles images, celle du sport d'il y a cent ans, je n'ai pas de nostalgie. Je suis très heureux de la manière dont le sport a évolué. C'est devenu un show et je m'éclate. Le sport a toujours été un spectacle, un divertissement. La télévision l'a révolutionné mais, au bout du compte, on en revient toujours à la même question éthique : le faire pour les bonnes raisons. Quand le sport prend trop d'importance, il y a le risque qu'il soit utilisé par les mauvaises personnes pour des mauvaises raisons, des raisons politiques ou économiques. Je ne suis pas naïf, je sais que c'est inévitable, que les belles choses sont toujours dévoyées. C'est le côté obscur de la force. Mais avoir conscience qu'il y existe des dérives ne m'empêche pas d'aimer le spectacle moderne du sport. Simplement, je ne me fais guère d'illusions pour demain, ou plutôt après-demain…

* * *

À quoi ressemblera le sport du futur ? La technologie prendra le pas et l'expression physique aura une autre définition. Mais je ne vois pas l'athlétisme disparaître avant longtemps. On le voit bien, tous les quatre ans, l'athlé met le feu aux Jeux. Ça retombe l'année suivante, et l'on craint pour ce sport, mais ça repart chaque année olympique. Parce que les Jeux olympiques restent l'événement qui fait rêver les amateurs de sport. Or, les JO, c'est l'athlétisme, c'est le sport phare et c'est comme ça depuis les Jeux antiques, parce que c'est de l'expression pure, depuis toujours. Je suis fasciné par certains sports créés récemment, des sports de glisse ou de combat, comme le MMA, le plus impressionnant d'entre eux, mélange de lutte et de boxe, dans sa cage, tellement moderne dans sa mise en scène. Mais s'il fallait créer un sport futuriste permettant d'identifier le sportif absolu, ce qui pourrait être tentant, je suis persuadé qu'il ne serait pas si éloigné que ça du décathlon.

Il ne manquerait peut-être au décathlon du futur qu'une dimension de sport de contact, élément étranger à l'athlé, un affrontement direct contre un adversaire, comme l'était la lutte en clôture du pentathlon antique, après quatre épreuves athlétiques. On pourrait, pourquoi pas, enlever le 400 m et le remplacer par du MMA. En revanche, je crois beaucoup moins à l'idée de remplacer le 1 500 m, l'épreuve d'endurance, par de la natation. Cela ajouterait l'élément liquide, l'eau, mais on n'est tellement pas fait pour nager que la natation est un sport très à part. On y développe des qualités qui ne sont pas transposables ailleurs. C'est comme si vous habitiez sur la Lune et que vous reveniez sur Terre. La gravité y est tellement différente qu'il faudrait tout reprendre de zéro pour habituer votre corps et en tirer le maximum. C'est ça, la natation, un sport dans un fluide avec un ressenti de la gravité tout autre de celui que l'on a sur terre.

Mais la vérité est que je ne crois pas à cette quête du sportif suprême. Chaque champion a des capacités différentes, qu'il a développées toute sa vie de sportif et c'est ce qui le rend exceptionnel. Que ce soit dans le foot, la natation, le basket ou l'athlétisme. Ce qui fait la beauté du sport moderne, c'est justement la capacité impressionnante qu'a eue chaque sport de générer des sportifs qui ont développé des capacités très fines pour maîtriser les enjeux physiques et techniques de leur sport et en repousser les limites.

Non, ce qui me ferait rêver, c'est d'utiliser notre savoir et la technologie à venir pour éradiquer toutes nos blessures, des « nanoparticules » qui fassent le nettoyage dans notre corps pour qu'on soit toujours en bonne santé, qui analyseraient notre sang pour que l'on mange exactement ce dont l'organisme a besoin, quand il en a besoin. Ce serait ça, l'optimisation de l'homme champion. Le rêve de tous les sportifs serait de supprimer les blessures parce que c'est bien là-dessus que se jouent leurs carrières. Évidemment, pas à n'importe quel prix et pas sans... limites. Régénérer complètement son corps entre deux épreuves de décathlon serait en effet assimilable à de la triche et à la mort du sport que je pratique. Car ce ne serait plus l'enchaînement de dix épreuves avec les traces et les résultats des précédentes mais dix fois une épreuve. Ce serait comme avoir dix vies...

* * *

Je suis passionné par la science-fiction. Le film *Interstellar**, par exemple, m'a rendu fou quand je l'ai vu à sa sortie. Depuis, je suis à fond, très curieux de tout ce qui peut se passer à des milliards d'années-lumière de nous. La science nous permet d'en savoir de plus en plus. Je suis l'actualité des découvertes. Je lis beaucoup. J'aime les théories du physicien cosmologiste Stephen Hawking, spécialiste de la gravité et des trous noirs qui avait la grande qualité d'expliquer tout ça de façon simple. Sa mort, il y a deux ans, m'avait même causé un choc. Je suis d'une génération qui ne devrait pas connaître les voyages spatio-temporels ou vers d'autres planètes. Mais monter dans une navette pour aller dans l'espace en tant que touriste ne serait de toute manière pas mon kif. Mon kif absolu serait d'avoir fait les études nécessaires pour y aller en tant qu'expert. Car y aller en touriste, alors que je parle de la nécessité écologiste, ne serait pas cohérent. Allez dans l'espace ne devrait pas être affaire d'argent ou de célébrité que d'autres n'ont pas mais être réservé à ceux qui peuvent y faire des différences.

Moi, pour voyager dans ces mondes inconnus qui me fascinent, il me reste la science-fiction. Je suis très friand de films comme *Ready Player One* ou *Avatar*, avec cette faune et cette flore ahurissantes. Je trouve incroyable l'idée qu'il puisse y avoir ailleurs une évolution du vivant totalement différente de celle que connaît la Terre. Je ne crois pas aux petits hommes verts mais à une forme de vie intelligente ailleurs. Les scientifiques pensent qu'il serait presque étonnant qu'il n'y en ait pas. Je vais même vous confier une anecdote. Quand j'ai discuté acupuncture avec le docteur Simmler, à Strasbourg, et qu'il m'a expliqué qu'on ne savait pas d'où venaient ces connaissances que les Chinois possédaient déjà il y a 6 000 ans, qu'ils se les transmettaient depuis juste parce qu'elles ont fait leurs preuves, sans en connaître l'inventeur, j'ai trouvé ça hallucinant au point de me demander si elles ne venaient pas d'une autre planète.

Dans le film *Alita*, sorti en 2019, une adaptation par James Cameron du manga *Gunnm*, il y a un sport ultrapopulaire, le Motorball, où s'affrontent des cyborgs sans cesse améliorés. Eh bien, je crois à ça, au fait qu'un jour, le sport changera de visage, qu'il deviendra mécanique ! Les exosquelettes permettent déjà à des personnes paraplégiques de se mouvoir. L'impression 3D permet de réaliser des choses hallucinantes, comme imprimer un cœur, une frontière traversée entre le biologique et le mécanique. Je suis certain qu'on pourra un jour changer la jambe d'un sportif par une autre plus performante, un bras par un bras plus précis. On pourra en fait ne garder que la tête de l'homme et changer tout le reste. Ce ne sera alors plus que de la mécanique avec un cerveau pour en faire le meilleur usage. Honnêtement, je ne suis pas dans la position du juge qui dirait que c'est bien ou que c'est mal. Mais ça m'attriste, quand même...

L'homme augmenté est un vieux rêve des scientifiques. À la fin du XIXe siècle, quand la science a fait un bond, on s'est tout de suite imaginé que cela ferait faire un bond aux capacités physiques de l'homme. Et donc à ses performances. Les premiers superhéros sont nés de cette idée-là. Aujourd'hui, le dopage scientifique que l'on dénonce n'est en fait, à mon avis, qu'un début de la révolution que va bientôt connaître le sport. Je crois inéluctable la mort du sport tel qu'on le connaît. Je pense qu'il deviendra quelque chose de stratégique et non plus de physique, où la capacité de réfléchir et d'agir primera.

Je n'ai pas de boule de cristal. Je ne suis pas sûr de ce que j'avance. Mais je le pense suffisamment pour me dire qu'on a de la chance de vivre le sport que l'on connaît aujourd'hui. Un sport où les gens s'expriment encore avec leurs propres moyens physiques, développés par le travail et l'apprentissage quotidien. Au vu de la tournure des événements, je ne crois plus en la capacité du sport à préserver sa pureté passée. Alors j'ai décidé de profiter à mort de l'instant présent et de la fête toujours renouvelée des Jeux olympiques à venir. Profitons du sport que l'on connaît et du plaisir qu'il nous donne encore. Profitons de lui tant qu'il est là !

10

L'OLYMPE, TU GRAVIRAS

J'aimerais être champion olympique un jour. C'est une évidence, quel sportif ne rêverait pas de l'être ? Mais le plus important est de tout faire pour l'être car tout ne dépend pas que de vous. Il faut accepter qu'un événement incontrôlable puisse survenir. Ou tomber face à quelqu'un de meilleur que vous. Et donc ne pas se gâcher la vie si on n'a pas atteint cet objectif ultime. Si je devais ne jamais l'être, je me dirais probablement avec un petit regret que j'aurais pu… Mais ce n'est pas le sentiment qui m'anime après ce qui m'est arrivé à Tokyo. Je veux au contraire profiter de ce que j'ai vécu là-bas. Car si je revis des décathlons aussi intenses à tous mes JO, je ne pourrai nourrir aucun regret. Toute ma carrière, j'ai tout donné pour agir sur ce que je pouvais contrôler. Mais il y a toujours une part de réussite sur laquelle je n'ai pas de prise. Il m'est arrivé de l'avoir. Je pense aux Mondiaux à Londres en 2017. Mais parfois le sort s'acharne.

Tout le monde me dit que quand on organise toute ta vie pour seulement deux ou trois compétitions, ça doit être extrêmement frustrant de se faire un lumbago dans les jours qui précèdent. Oui, bien sûr que c'est frustrant. Mais pas de quoi en faire une dépression, loin de là. J'ai vécu à Tokyo une épreuve très difficile, sur laquelle je vais revenir en détails, mais aussi très plaisante. Si je devais avoir un regret, ce n'est pas sur ce qui s'est passé sur place mais avant. Je me suis mis beaucoup de pression pour ces JO. L'attente a été longue, cinq ans au lieu de quatre, je n'ai finalement pu faire mon décathlon de qualification qu'en décembre 2020 à la Réunion, et j'ai l'impression que cette pression est devenue néfaste. Il y avait trop d'attente autour de cette médaille d'or. Je me suis laissé absorber par l'attente des gens, elle est devenue la mienne. Et ça, ce n'était plus du décathlon. La base de ma discipline, comme je l'ai déjà expliqué, est qu'on ne sait jamais ce qui va se passer. Il faut se faire plaisir, à l'entraînement comme en compétition et ne pas être dans l'attente du résultat. Même pour des Jeux Olympiques, même s'ils sont rares. C'est d'ailleurs ce qui fait leur beauté.

* * *

J'étais en seconde, je fêtais mes 16 ans, c'était un week-end d'insouciance où je montais pour la première fois en haut d'un podium national, celui de l'heptathlon cadet en salle, à Vittel. C'était à l'hiver 2008 et j'étais alors à des années-lumière d'en tirer des plans sur la comète olympique. J'avais juste envie de m'entraîner pour revivre ça, en mieux, sans chercher où cela pourrait me mener. Puis, quelques mois plus tard, l'été venu, j'ai vu Romain Barras aller aux Jeux de Pékin et finir 5e, derrière un Russe qui sera disqualifié plus tard pour dopage, donc au pied du podium. Je regardais ça devant ma télé, en vibrant, et je me suis dit comme ça dans ma tête : « Tiens, c'est quand même formidable d'être en pleurs de fierté alors qu'on n'est pas médaillé. Je ne pouvais alors imaginer que tout irait si vite que je m'y retrouverais seulement quatre ans après, dès l'édition suivante ?

L'attachement viscéral des sportifs pour les Jeux Olympiques est vraiment quelque chose de très difficile à expliquer. C'est juste une évidence, peut-être ancrée en nous dès la plus tendre enfance, quand on comprend un peu confusément que gagner aux Jeux est plus gratifiant que nulle part ailleurs. Probablement parce que c'est un événement rare, avec tous les meilleurs de tous les sports, un événement dont l'impact médiatique est sans égal, regardé par des milliards de téléspectateurs. En gros, même ceux qui ne suivent pas le sport d'habitude se laissent happer pendant les Jeux, presque malgré eux. Dans mon cas, enfant, le goût des Jeux était d'abord celui de voir quelqu'un gagner une course en cassant sur la ligne d'arrivée. Il y a là quelque chose de primaire, d'animal. Je pense que la petite graine a été plantée à ce moment-là et qu'au plus profond de moi, instinctivement, je voulais vivre ça.

Gamin, j'étais en fait plus inspiré par l'ambiance des Jeux que par les personnages. Je me mettais devant la télé et l'atmosphère était euphorique. C'est la magie des Jeux. À la maison, la télé était allumée toute la journée dessus mais il n'y avait pas d'obligation à s'installer tous ensemble dans le canapé. C'était plus du libre-service. On allait et venait devant. Surtout qu'on n'était pas du genre à rester enfermé toute la journée. Encore moins l'été. Soit on était à la piscine municipale où mon père donnait des leçons, soit on était dans le jardin. J'ai des souvenirs à partir de 2000 et des Jeux de Sydney, j'avais alors huit ans, mais ils sont confus. Il y avait Christine Arron, la « Reine Christine », la grande athlète de l'époque. Je me souviens de ses cheveux blonds peroxydés. Quoique non, ces cheveux-là elle les avait plutôt en 1998, à Budapest, quand elle avait battu le record d'Europe du 100 m, un record qui tient toujours plus de vingt ans après ! À Sydney, ça s'était malheureusement mal passé pour elle, elle était malade…

Mes souvenirs sont plus fiables à partir des Jeux suivants, à Athènes en 2004. À l'époque, je ne faisais pas que de l'athlé, je nageais et je m'intéressais à tous les sports. Je m'étais par exemple pris de passion pour le tir à l'arc. Mon père ramenait des anciennes cibles toutes pourries des cours qu'il donnait. On y jouait pendant des heures avec mes frères. J'étais Legolas, l'elfe blond avec son arc interprété par Orlando Bloom dans *Le Seigneur des anneaux*, un de mes films culte depuis toujours. La reine de ces JO d'Athènes, ce fut pour moi sans conteste Laure Manaudou. Elle a complètement relancé la natation française. Mais je me souviens aussi des larmes de Ladji Doucouré. Avant le dernier obstacle, Ladji est 2e du 110 m haies derrière le Chinois Liu Xiang. Mais il en veut plus, il cherche à gagner, il tape la haie et c'est fini... Je ne l'ai pas jugé, je n'ai jamais jugé. Le spectateur lambda a parfois ce réflexe, celui du reproche, mais pas moi. En matière de compétition, il y a toujours le résultat et la manière. Quand le mec donne tout, il devient irréprochable. Son comportement mérite récompense, celle du respect. Ladji en est l'exemple idéal. Un athlète immense, champion du monde l'année d'après, en 2005, qui a souvent galéré avec les blessures et qui est passé malgré ça encore tout près du podium olympique en 2008 à Pékin, où il finit 4e. C'est un mec super que j'ai côtoyé sur sa fin de carrière, un grand frère pour toute une génération d'athlètes. Il m'a toujours dit : « Savoure, profite tant que c'est là et ne te fais pas trop d'illusions sur les gens, ils brûlent facilement ce qu'ils ont adoré... » On ne pouvait avoir que de l'empathie pour lui. De toute façon, j'ai toujours pensé que les larmes des champions n'avaient pas la couleur des médailles. Vainqueur ou vaincu, il n'y en a pas en or ou en chocolat, elles sont toutes aussi importantes, des pures émotions et c'est ce que transmet le sport d'abord.

* * *

Pour moi, tout est donc allé si vite que je suis devenu champion du monde cadet en 2009, puis junior en 2010, et que j'ai fait mon premier décathlon senior en 2011. Pour voir. Je n'avais que 19 ans, j'étais donc encore junior et j'ai fini avec 7 992 points. Les Jeux de Londres étaient l'année suivante et je me suis dit : « Bon ben là, je crois que je me rapproche, y a peut-être moyen, un jour, qui sait, les Jeux... » Et comme pour le record du monde des années plus tard, de la pensée à l'acte, tout s'est enchaîné naturellement, mais surtout pas dans la facilité. Quand je me suis fait opérer de mon fameux genou gauche, en décembre 2011, un bout de ménisque qui se baladait et qu'on m'a retiré, une méniscectomie, 18 % du ménisque en moins, je n'étais absolument pas dans l'ambition des Jeux. Or ils arrivaient à grands pas. Forcément, ma saison

2012 a débuté avec retard et ma qualification pour Londres devait se jouer aux Championnats d'Europe à Helsinki, juste avant. Mais j'y ai fait zéro en longueur...

Ce zéro était alors le plus gros échec de ma carrière. J'avais 20 ans et j'avais l'impression d'être au bout de ma vie, je n'avais plus goût à rien. C'est curieux de voir comment on peut passer d'une déception à une ambition en un claquement de doigts. J'ai chialé pendant dix minutes dans l'herbe. À côté de moi, il y avait Florian Geffrouais, qui venait aussi de faire zéro, et mon coach Bertrand me dit : « Bon, va au poids mais tu t'arrêteras sans doute là, il y a un déca à Bruxelles dans trois jours... » Heureusement que j'étais avec Florian. Pendant trois jours, on a été dans l'autodérision. Dès le lendemain matin, un jeudi, on s'est envolé, le décathlon démarrait le samedi. On avait juste des adversaires belges et aucun public. Le calme après la tempête. Il faut imaginer le stade du Roi- Baudoin, l'ancien Heysel, un stade mythique pour l'athlé, totalement vide. Ça créait une ambiance tranquille, sans pression. Je me sentais bien, j'étais en forme, je me disais qu'il suffisait que je ne morde pas en longueur. Or elle a justement été un déclic : 7,63 m avec un peu trop de vent favorable, puis 2,09 m en hauteur, moins de 49" au 400 m... C'était facile : 8 415 points, record de France Espoir !

Et voilà comment, après l'expérience avortée d'Helsinki, je me suis retrouvé à disputer mon premier grand championnat senior directement aux Jeux. Le simple fait de m'être qualifié pour Londres était un rêve qui se réalisait, l'objectif de l'année était rempli. C'était aussi la première fois que Bertrand emmenait un athlète aux JO. Mais avec mes 8 415 points, à l'époque, je me disais quand même que je pouvais finir dans le top 5, que tout était possible. Avec Bertrand, on s'est juste dit qu'il ne fallait pas se mettre de barrière. Mais je n'étais absolument pas prêt en réalité pour un événement aussi énorme. Surtout à Londres, un des stades d'athlé les plus bruyants au monde. Je n'en garde pas un grand souvenir. J'étais le seul décathlonien français qualifié, en chambre avec des sprinteurs bien plus âgés. Dans le stade, ç'a été les montagnes russes. D'habitude, je me motivais comme un taré alors que pour un événement pareil, il n'y en a pas besoin, l'envie monte toute seule et il faut au contraire la gérer. Je n'ai pas su le faire. J'étais à la limite du malaise dès ma première épreuve, le 100 m. J'ai vu des étoiles pendant ma course. Mon record était à 11"10 et j'ai fait 11"34. En longueur, je mords mes deux premiers essais et je me contente de 7,17 m au 3e. Le lendemain, j'ai tapé fort une haie, j'ai lancé deux fois le disque dans la cage et je me suis brûlé les mains à la perche. Seule la fin a été sympa. Je me suis retrouvé sur l'écran géant du stade pour mon dernier lancer au javelot, avec une claque de 80 000 spectateurs rien que pour moi et j'ai lancé à 62 m. Et derrière, en clôture, l'apothéose, un 1 500 m en tête avec 100 mètres d'avance dans une ambiance de folie, à croire que le public pensait que j'allais gagner le décathlon. J'ai kiffé le dernier tour et, sur la ligne d'arrivée, j'ai levé les mains comme si j'étais champion olympique...

* * *

J'avais 20 ans à Londres et l'événement était trop grand pour moi. Au village olympique, je croisais tout le monde, moi, le fan de sport. J'en prenais plein les mirettes. J'étais un gosse qui regardait, j'étais spectateur de l'événement. Mais comme j'étais encore assez timide, il ne me serait pas venu à l'idée d'aller discuter avec eux. Ne serait-ce que par respect, ne pas les déranger pendant leur compétition. Il y avait Tony Parker et les basketteurs, Alain Bernard et les nageurs, Teddy Riner, les handballeurs qui allaient encore gagner. Quand ils rentraient au village, ils chantaient une chanson, on aurait dit des Spartiates qui rentraient de la guerre. C'était très intimidant, très fort. Et puis je suis resté en famille passer deux ou trois jours en ville après mon décathlon. Londres vivait la fête olympique d'une manière extraordinaire. Des grands moments de ferveur populaire que je n'ai pas revécus à Rio.

Je suis passé à côté de mes premiers Jeux, sportivement, parce que je n'ai pas eu la bonne approche et que je n'avais pas les clés. Je m'en étais trop demandé. Mais ça m'a fait gagner beaucoup de temps pour la suite. Et puis j'en garde des souvenirs forts, des rencontres, des impressions, des intentions... Le décathlonien américain Trey Hardee était venu me voir à la perche en me disant : « Allez, accroche-toi ! » Il avait la grande classe. Il y avait aussi d'immenses champions tout autour : Allyson Felix, Aries Merritt, Usain Bolt... Bolt a été la star médiatique de Londres. Il a retenu l'attention comme aucun autre athlète avant lui. Je dois dire que le mec me parle. Ce qu'il a apporté à l'athlétisme est énorme, sans équivalent. La première fois que je l'ai croisé, sur le terrain d'échauffement, je faisais des départs, il avait sa capuche, il a traversé devant moi, je ne l'ai pas reconnu et je lui ai fait « Eh psssittt ! » pour qu'il se pousse. Il a enlevé sa capuche et il s'est excusé. Ça m'a presque fait bizarre mais c'était ça Bolt ! Un grand personnage avec un charisme énorme mais un gars simple et respectueux. Après, dans le travail, il n'est pas mon exemple. Pour moi, tout ce qu'il avait était inné, un don. Il a évidemment bossé, mais beaucoup moins que d'autres, moins talentueux.

À Londres, j'ai vu d'autres choses que Bolt. Le soir où il a gagné son 200 m, le Kenyan David Rudisha a battu le record du monde du 800 m. Au moment de cette course, j'attendais pour le 1 500 m, ma dernière épreuve, sous les tribunes, et je n'ai jamais entendu des tribunes faire autant de bruit. Les murs tremblaient. Cela restera à jamais un de mes grands regrets de ne pas avoir vu cette course. Je l'ai seulement entendue. Il ne faudrait d'ailleurs surtout pas que vous vous trompiez sur ce que les athlètes voient et vivent pendant les Jeux. Lors d'un décathlon, on a beau être dans la fosse aux lions pendant deux jours, on voit beaucoup moins bien le spectacle que le public. En fait, on ne voit rien. Et le reste du temps, on en voit un peu à la télé mais on est le plus souvent à l'entraînement ou aux soins. C'est extrêmement frustrant quand on aime autant le sport que moi. J'adorerais aller voir le BMX, le plongeon à 10 mètres, le tir à l'arc ou aujourd'hui le basket. Comme je suis devenu accro au basket sur le tard, je regrette avec le recul d'être passé au travers à Rio. Quand je me dis qu'il y avait des mecs comme Kobe Bryant sur place, à côté de moi...

* * *

Autant j'ai vécu Londres isolé, autant je ne l'étais plus à Rio. Comme c'était loin, on s'était regroupé en stage avant, avec toute l'équipe de France, à Sao Paulo. C'est très important, cela permet de créer des liens et les liens transcendent la compétition. Je me sens toujours mieux lorsque je suis en compétition avec des gens que je connais. Je l'ai revécu à Kobe avant Tokyo. À Rio, j'étais moins timide aussi pour profiter du village. Je me souviens par exemple d'une longue discussion avec Laurent Tillie, le coach des volleyeurs. Ces mecs forment une super troupe mais ils sont quand même difficiles à tenir et ils le stressaient pas mal. Alors il allait nager. Et il me racontait son rôle. Passionnant. De mon côté, j'étais en chambre avec le marcheur Yohann Diniz, notre ancien, et Bastien Auzeil, mon camarade de déca. C'était top. On rigolait bien. Mais ne vous imaginez pas des trucs improbables.

Dans le programme olympique, l'athlé est en deuxième semaine, il arrive à la fin. On est donc au village pour faire du jus, recharger les batteries au maximum avant d'entrer sur scène. On est tellement prêt physiquement qu'en déambulant dans le village, on sent chacun de ses muscles réagir à la perfection. Ce sont des sensations d'extra sensibilité super agréables. L'importance de l'événement est palpable, on est entouré de milliers de sportifs, comme une petite ville dont tous les habitants auraient exactement le même but. Mais le calendrier des épreuves fait que certains finissent avant que vous ne commenciez, qu'ils rentrent se coucher à 6 heures et que vous les croisez en allant prendre votre petit déj. C'est assez drôle pour dire la vérité. On peut s'y perdre mais, à Rio, j'avais l'esprit d'autant plus clair que j'étais dans mon élément.

* * *

À la différence de Londres, je savais exactement pourquoi j'étais là. Je connaissais mon potentiel et ce que j'avais à faire. Heureusement d'ailleurs. Car, à l'inverse de Londres, le stade était triste, vieux, à moitié vide. Pour des Jeux, même si je pense qu'à Tokyo ça aurait été plus facile de le faire avec du public, on peut se transcender sans lui. Surtout face à Ashton Eaton à Rio. Huit jours avant, je m'étais fait mal à une cuisse. Rien à voir avec le lumbago de Tokyo, mais j'avais dû me mettre en veille... jusqu'à la veille. J'ai dit à ma famille : « ça peut lâcher à tout moment pendant le 100 m ! » Mon corps était tendu et Jérôme, mon préparateur physique, mettait tout en œuvre pour que ça aille mieux. À part mes proches, je n'en ai parlé à personne. Les bobos, je pense préférable de les cacher. Pas vis-à-vis des adversaires, dans l'optique d'une partie de bluff, mais pour éviter les questions que ça génère, notamment de la part des média. J'ai horreur de me plaindre et on sait que tous les athlètes ont des douleurs. On risque donc de passer pour celui qui se cherche des excuses. L'enjeu est de savoir comment vont évoluer ces douleurs inévitables pendant la compétition. Le plus souvent, elles s'atténuent grâce à l'adrénaline. Mais ça n'avait pas été le cas à Doha. Et pas vraiment à Tokyo…

Rio a marqué un tournant dans ma carrière à beaucoup d'égard. L'année précédente, j'avais raté les Championnats du monde à Pékin à cause d'une déchirure à l'ischio. Au début de l'année, j'avais aussi manqué les Mondiaux en salle à Portland en raison d'une talonnade. Bref, mon contrat avec Nike expirait et ils m'avaient dit qu'ils attendaient de voir ce que j'allais faire à Rio pour me resigner… ou pas. Nike, et je le comprends, n'est pas une entreprise philanthropique. Elle ne va pas donner de l'argent à un sportif juste parce qu'il est gentil. D'un autre côté, je suis clairement dépendant d'eux si je veux réussir dans mon sport. Et c'était encore plus vrai alors. Aujourd'hui, mon contrat avec Nike représente peut-être 40 % de mes revenus. Mais à l'époque de Rio, c'était 90 % !

En résumé, si je n'avais pas réussi mes Jeux à Rio, j'aurais dû reprendre mes études, parallèlement à l'athlé, pour m'assurer un avenir. C'était donc un peu quitte ou double. Je ne fais pas du sport pour galérer mais pour me faire plaisir. Sans l'apport financier qui me permettra de rebondir à la fin de ma carrière, je n'aurais pas pris le risque de continuer. Je veux avoir une belle vie et mon projet sportif n'aurait plus été viable sans ce contrat. Il faut que l'on comprenne bien : mon rêve de sport n'est pas le professionnalisme du sport. Je peux très bien vivre mon rêve en faisant des études. Mais je sais très bien que pour être le meilleur du monde, il faut que je m'y consacre à 100 %. Si le sport devait me mettre dans une situation précaire, ce serait bien sûr une déception mais je préfèrerais reprendre les études pour avoir la certitude de trouver un job ensuite. Depuis Rio, ça va. Ma médaille d'argent m'a permis de resigner avec Nike un long contrat, de huit ans, car je préférais que cela s'inscrive dans la durée, quitte à ce qu'il soit moins élevé.

* * *

Mon duel avec Ashton Eaton, à Rio, n'a véritablement commencé qu'avec la perche. À ce moment-là, j'avais encore une chance de le passer. Mais c'est alors qu'on a vu quel champion il était. Il a effacé 4,90 m et 5,10 m au 3e essai puis 5,20 m au 2e. Et moi, à chaque barre, je me disais : « S'il ne passe pas là, je peux gagner ! » En franchissant 5,40 m, j'ai pensé que ça ne suffirait pas pour le battre mais que je serai au pire 2e et j'étais déjà heureux. Et puis le javelot a brièvement entretenu l'espoir. Au 1er essai, je le lance à 65 m et lui à seulement 53 m. Sauf que, là encore, il s'est repris : 58 m au 2e et presque 60 au 3e. Il fallait dès lors que je lui mette 2 ou 3 secondes au 1 500 m pour le dépasser. Avant le départ, il m'a demandé : « Tu vas courir ? » Je lui ai répondu que non, j'ai été sincère, je ne comptais pas forcer le destin parce que de toute façon, sur un 1 500 m, face à lui, je n'avais aucune chance. Je pense qu'il a cru à de l'intox. Peut-être ai-je une conscience trop développée mais je ne me verrais pas faire de l'intox avec mes adversaires. J'ai juste essayé de me donner à fond… et il m'a passé à 300 mètres de la ligne.

Le fait qu'on ait commencé, lui compris, à me parler ce jour-là du record du monde a-t-il pu jouer dans la décision d'Ashton de s'arrêter, je n'en suis vraiment pas certain. Sa retraite n'a pas été une surprise totale. Après avoir été deux fois champion olympique, deux fois champion du monde et avoir battu deux fois le record du monde, sachant ce que ça représente comme investissement, Ashton avait un peu fait le tour de la question. Il me l'avait sous-entendu. Une année sabbatique semblait en tout cas évidente. Et puis c'est tellement beau d'arrêter invaincu. J'espérais juste qu'il continuerait parce qu'il a été pour moi un aiguillon formidable. Sans lui, depuis, tout le monde fait de moi le favori. Au point que j'ai l'impression que tout autre résultat qu'une médaille d'or à Tokyo serait considéré comme un échec. C'est assez compliqué à vivre.

* * *

Je ne peux pas dire que leur report d'un an des Jeux de Tokyo m'ait vraiment coûté. Autour de moi, j'ai eu l'impression que d'autres athlètes étaient plus en panique. Avec Jérôme Simian, on s'était fait un principe de se dire que plus j'aurai du temps pour m'entraîner, plus je serai fort. Et ç'a été le cas. J'ai eu une proposition d'une grosse boîte de production qui voulait m'organiser un décathlon en août 2020, aux dates initialement prévues pour mon épreuve aux JO. On me proposait de le diffuser en direct. J'ai énormément réfléchi et j'ai dit non. Je me suis dit que si ce n'était pas un championnat et que si cela ne pouvait même pas compter comme qualification pour les JO, le seul intérêt était de battre le record du monde. À un an des Jeux, en sachant comment un décathlon record est éprouvant, la raison l'a emporté sur l'envie.

J'ai profité du confinement pour prendre mon temps, mettre les pieds dans l'herbe ou dans la piscine, bouquiner, me ressourcer, vivre dans l'instant présent. Un peu comme j'essaie de ne jamais penser à l'épreuve suivante ou repenser à la précédente pendant un décathlon. Mon passé est révolu et mon futur est inconnu. C'est un dicton que j'emprunte à Kung Fu Panda. Dans sa grande sagesse, la vieille tortue, très philosophe, dit à Po, le panda : « Hier est derrière, demain est un mystère mais aujourd'hui est un cadeau, c'est pour ça que ça s'appelle le présent. » S'inscrire dans le temps présent, c'est aussi ce qui peut me rapprocher du mode de pensée des Native Americans ou des samouraïs japonais. L'idée de disputer des JO à Tokyo m'avait immédiatement séduit. En tant que champion, on ne choisit jamais le pré où l'on se donne rendez-vous pour un duel. On se doit d'être au-dessus de ça, on en fait abstraction le jour J dans nos bulles de compétiteurs, même si c'est à Doha. Mais dans l'approche, c'est très agréable d'être inspiré par l'endroit où l'on projette un exploit.

Or je suis un fan de la culture japonaise. Celle des samouraïs notamment, du respect avant tout, d'avoir chacun sa place dans la société. Cette philosophie me convient bien. Après, heureusement pour moi, il ne s'agit pas de se faire harakiri en cas de défaite. C'est plus imagé que ça. Mais il y a des circonstances dans la vie où je pourrais endosser cette façon de voir les choses. C'est se dire que j'ai encore plein de choses à faire, que je vis au jour le jour au point que quand viendra l'instant de mourir, je l'accepterai. J'ai adoré le film *Le Dernier samouraï*, un film culte pour moi. Le soldat américain joué par Tom Cruise y est enlevé par des samouraïs et il découvre leur culture. Leur passion de la guerre devient un art qu'ils passent chaque seconde de leur vie à cultiver. Je trouve ça magnifique. Je m'identifie à ça. Chaque jour, quel que soit le projet auquel je m'attaque, ça me prend aux tripes, je vais jusqu'au bout, lucidement, avec calme. Si je ne fais rien de particulier, je suis agité. Il faut que je sois totalement à ce que je fais et j'adore la sensation de vide, d'épuisement, lorsque j'ai fini. Je me sens alors en harmonie. Le langage sportif puise pas mal de mots et d'expressions dans celui de la guerre et ça ne me choque pas si l'on comprend à quel degré de langage il se situe. Quand je fais du sport, j'ai l'impression d'aller à la guerre. C'est ma façon de me mettre dedans.

C'est aussi ce qui me lie à certains mangas japonais. J'ai toujours adoré la bande dessinée, l'Héroïc Fantasy, les classiques, Astérix, Tintin ou Gaston Lagaffe... mais le jour où mon petit frère Thibault s'est mis à regarder Naruto en dessins animés à la télé, je suis tombé dans la passion des mangas. En équipe de France, je ne suis d'ailleurs pas le seul fan. Vous pouvez demander à Pierre-Ambroise Bossé, il va très loin dans leur analyse et on a parfois de longues discussions à ce sujet. One Piece notamment, que j'aime pour sa culture pirate, être matelot, avoir son bateau et être libre dessus. D'ailleurs, si je n'étais pas malade en mer, j'adorerais avoir mon voilier et partir à l'aventure autour du monde. Et j'aime donc Naruto pour l'arrière-pensée guerrière qui le porte, ces personnages qui s'entraînent pour battre des adversaires plus forts qu'eux, qui apprennent de leurs échecs pour devenir plus forts mais surtout pour devenir une personne meilleure. C'est ça, pour moi, la culture japonaise. Faire en sorte de devenir meilleur. C'est ce que j'essaie de faire. Je ne dis pas que j'y arrive, mais j'essaie. Nous, sportifs, ne sommes pas des chirurgiens qui sauvons des vies, mais je suis convaincu que l'on change un peu celle de beaucoup de gens pendant les Jeux, par les émotions que l'on procurent, l'image que l'on donne, les valeurs que l'on transmet.

* * *

J'avais dit avant Tokyo et je le redis après, je ne laisserais jamais le sport me gâcher la vie. Il y a de toute façon trop d'éléments que l'on ne peut pas maîtriser, même quand on cherche à s'approcher de la perfection, surtout dans un décathlon. C'est d'ailleurs dans tout ce qui précède l'événement, dans ma pratique quotidienne, le fait de progresser, que je me sens le mieux. Pendant le confinement, j'ai éprouvé un manque de compétition, car c'est mon moteur, un défouloir énorme. Mais grâce à l'entraînement, j'ai continué à vivre ma passion, à avoir ma dose de sport quotidienne, donc l'essentiel. D'une certaine manière, on peut dire que j'ai bien vécu cette période de pandémie puisque que je n'ai jamais été aussi fort qu'en arrivant à Tokyo.

Ce coronavirus ne m'a finalement pas réellement posé problème. Même si, juste avant de partir pour le Japon, ma copine, mon frère Thomas et mon entraîneur Alexandre ont été cas contacts et que je suis presque resté seul une semaine. Je n'avais pas peur de la maladie elle-même mais de ne pas pouvoir faire les Jeux si j'étais positif. À chacun de mes tests, je stressais un peu. J'avais hésité à me faire vacciner. Je ne suis ni pour, ni contre. J'ai quelques craintes un peu irrationnelles à l'idée de me faire injecter un vaccin. Ça ne me plaît pas. Le vaccin a eu des effets négatifs, notamment inflammatoires, sur certains athlètes. Aujourd'hui je suis pleinement vacciné, preuve que je ne suis pas du tout anti vaccin, mais disons que je l'ai plus fait pour la société que pour moi-même. Mais j'avais préféré y renoncer avant les Jeux quand je me suis blessé, en mai.

Mes soucis à Tokyo remontent peut-être à cette blessure au mollet gauche. On a changé les exercices pour s'adapter et je me suis alors un peu bloqué le dos. Mais rien de grave. Au bout de deux jours, c'était comme disparu. Sauf qu'avec le voyage vers le Japon, la pression de l'événement... je l'ai ressenti un peu en arrivant. Et lors du stage terminal à Kobe, pendant une séance de pliométrie huit jours avant mon décathlon, j'ai soudainement ressenti une décharge dans le bas du dos. À chaud, ça allait, mais à froid, c'était catastrophique. Je ne pouvais plus ramasser le moindre objet, j'étais totalement bloqué au niveau des lombaires, près du sacrum. La dernière semaine a été assez horrible. Les choses ne s'amélioraient pas vraiment au fil des jours. On est toujours sous pression les derniers jours précédant une compétition. Mais là je ne pouvais pas vraiment faire d'exercices pour l'évacuer et me libérer la tête en suant un bon coup à cause de mon dos. C'était étouffant. Je ne redoutais plus l'éventuel incident, le zéro dans une épreuve, mais je me demandais de manière plus basique si j'allais pouvoir m'exprimer. Mais envisager un forfait ne m'est jamais venu à l'esprit. C'était les Jeux, j'attendais ça depuis cinq ans, c'était à la vie à la mort.

* * *

Beaucoup de personnes se sont demandés pourquoi je n'ai pas eu recours aux anti-inflammatoires avant le début de mes épreuves. Ils n'ont en fait absolument pas été source de discussion à ce moment-là. Même s'il y avait une gêne, un grain de sable dans la machine, la douleur n'est pas quelque chose de rédhibitoire en soi. J'ai pu faire de la peine aux gens, certains ont eu mal pour moi, mais je me moque de la douleur. Parce qu'un décathlon fait mal et que ça fait partie du jeu. Sauf qu'il y a douleur et douleur. En me baissant pour me mettre dans les starting blocks du 100 m, j'ai senti que j'avais mal au dos, mais je n'ai rien senti pendant la course. Il reste que je n'étais plus en mesure d'allonger mes foulées normalement après 50 mètres, d'où ma performance (10"68) inférieure à ce que j'avais dans les jambes. Même problème ensuite en longueur. Mes foulées étaient étriquées, incomplètes, et c'est très handicapant. Tous les repères s'en trouvent modifiés. J'ai dû avancer mes marques d'un mètre alors que d'habitude, en compétition, je les recule de deux par rapport à l'entraînement. Je suis fier d'avoir sauté à 7,50 m malgré ça. Sur ces deux premières épreuves, j'ai limité la casse et je pouvais encore espérer. Mais tout a basculé au poids. Là, en me baissant pour le prendre, la douleur m'a surpris dans son intensité. En lançant à 15 m au lieu de 17 m, je me suis dit que je perdais peut-être toutes mes chances de médaille.

J'étais au fond du trou. Je me disais que j'avais attendu cinq ans pour ça. Je savais que j'allais craquer à un moment. Je ne savais pas où. Peut-être dans la chambre de repos... Mes proches n'étaient pas là... Mais dans ces cas-là, passer devant les médias, à chaud, reste une obligation. Et, désolé, tout est retombé quand je me suis retrouvé devant les caméras de France Télévision. Dans le regard de Nelson Monfort, j'avais l'impression de faire pitié, alors c'est sorti là. Chez certains, ce serait peut-être passé par de l'énervement ou du déni. Comme je suis quelqu'un de sincère et qu'il y a des choses qu'on ne peut pas contrôler, l'émotion s'est traduite par des larmes. Il fallait en passer par là. Le plus tôt était le mieux, ça m'a fait une sorte de thérapie. Je prends avec beaucoup de recul ce qu'ont pu en penser certains. Personne ne peut comprendre sans être dans mon corps. On peut dire que je suis un hyper émotif, c'est vrai, je vis les choses à fond, je donne tout pour mon sport et, quand ça se passe mal, je peux sur-réagir. Mais cette discipline demande une implication à 120 % à chaque instant. Le corps et l'esprit sont soumis à d'énormes tensions. Celui qui l'a inventée était un peu tordu. C'est un effort formidable qui vous fait évoluer à chaque compétition. Je me mets dans des états seconds, de transe. Alors, forcément, la déception est à la hauteur de l'implication quand vous ne pouvez pas exprimer le potentiel d'une condition physique exceptionnelle.

C'est là qu'on a commencé à parler entre nous d'anti inflammatoire. J'aurais peut-être dit non pour toute autre compétition mais je me suis dit que c'était les Jeux. Je n'en avais plus pris depuis l'Euro de 2014 à Zurich. Je n'en prends normalement tout simplement pas. Non pas parce que je pense que c'est du dopage : c'est parfaitement autorisé. Mais c'est parce que ça cache la douleur. Ça n'enlève pas le grain de sable dans la mécanique qui fait tout foirer mais ça enlève dans mon cerveau l'information qu'il y a ce grain de sable, la douleur. Comme je n'en prends jamais, l'effet des comprimés de Voltarène a été hallucinant. Mais il reste que ce n'est pas bon pour le foie et donc pour la performance. Et quand vous ne ressentez plus la douleur, vous pouvez forcer et vous blesser ailleurs.

Je me suis éclaté à la hauteur. Mon dos ne me gênait pas. En partie parce que l'extension y est horizontale. Je ne le ressentais qu'en retombant sur le tapis, ce qui n'affecte pas la performance. Quelle joie de pouvoir retrouver des sensations, à 2,08 m, comme je n'en avais plus connues depuis des années, sur une épreuve que j'ai pu retravailler en réglant mes soucis de genou ! Mais j'y ai peut-être aussi oublié mon mollet. Qui s'est rappelé à moi dans les starts du 400 m. Comme une crampe, un truc que je n'ai jamais. J'ai dû gérer mon départ car si la crampe se déclenchait, c'était synonyme d'abandon. Mais jamais je n'aurais imaginé faire plus de 50", un chrono de mes années de cadet, était en total décalage avec mes sensations. Mon problème de foulées plus courtes, moins efficaces, qui s'était déjà produit au 100 m et en longueur, m'a coûté très cher sur cette distance plus longue. J'ai alors pris un énorme coup de massue. J'ai largement perdu tout ce que j'avais gagné à la hauteur. Et à la fin de cette première journée, je savais que la médaille d'or était hors de portée. Sauf *remontada* improbable le lendemain. Ou si Damian Warner connaissait des trous comme il en avait eus par le passé.

* * *

Damian Warner est un très grand talent. À la retraite d'Ashton, on le présentait comme son successeur. Mais, bizarrement, il ne concrétisait pas en grands championnats. Je me disais donc que ce n'était jamais fini et que, dans le pire des cas, s'il me battait, il l'aurait mérité. D'habitude, avec la fatigue, je dors super bien entre les deux journées d'un décathlon. Mais pas là : trois heures de sommeil max, comme la nuit d'avant ! Et j'ai payé l'addition. J'ai à nouveau ressenti des tensions dans mon mollet dès l'échauffement du 110 m haies au point que je me suis dit qu'il allait probablement péter. Je l'ai senti se contracter mais il a tenu. Mon temps, 13"90, était mauvais mais je ne pouvais pas faire mieux. Mes rêves de remontada étaient envolés. J'avais tant bien que mal gardé Damian dans le viseur jusque-là mais j'ai alors basculé, mon objectif était devenu de ne pas me faire battre par d'autres auxquels je ne prêtais pas attention au départ, le jeune Ashley Moloney et Pierce Lepage.

Le disque fait partie de ces épreuves où j'ai beaucoup progressé mais, là aussi, ma performance ne correspondait pas à mes sensations. J'avais l'impression de pouvoir faire 53 m ou 55 m et je ne réussissais pas à dépasser 49 m, une perf' que je réussis tous les jours à l'entraînement. Physiquement, c'était de plus en plus compliqué. La perche, en plein soleil, à midi, avec un sol à 45 °C, a été un des concours les plus difficiles qu'on ait jamais vécu. Je m'allongeais sur des glaçons sans pouvoir me refroidir. En y ajoutant mes problèmes de dos, qui tronquait mon renversé et m'empêchait de voir la barre, j'étais perdu. Ma course d'élan était irrégulière. Renaud Lavillenie et son coach Philippe d'Encausse étaient venus me conseiller et on se marrait presque, parce que ce n'était vraiment pas beau ce que je faisais. Là, j'ai eu de la réussite. Je ne me voyais pas passer 5 mètres mais, de façon inespérée, j'ai passé 5,20 m et j'ai raté de peu 5,30 m. Ensuite, il y avait six heures de pause. Normalement, j'aurais dû pouvoir dormir un peu. Mais on a calculé qu'il me fallait faire 10 mètres de mieux au javelot pour distancer

Moloney et Lepage et rester 2e. Alors impossible de m'endormir tellement j'étais stressé à l'idée qu'ils puissent faire un gros javelot et que je finisse 4e. Car je savais que je n'avais pas les jambes pour rattraper le coup sur le 1 500 m.

On a rigolé un bon coup avant de rentrer en chambre d'appel pour que je me détende. Mais mon premier jet à 64 m m'a montré que c'était loin d'être gagné. Physiquement, c'était le pire ressenti de ma vie. Lepage et Moloney ont fait 57 m, il fallait donc que je lance à plus de 67 m minimum. À ce moment, la frustration était énorme. J'avais bien progressé au javelot, je valais largement plus de 70 m mais mon corps ne répondait pas. J'ai alors réalisé une chose qu'il est très difficile à faire en compétition : ne se concentrer que sur la technique sans aucune intention d'intensité. Tenir mon javelot loin derrière moi en avançant avec les jambes. Le jet était très propre, le javelot a eu une ascension plus longue que d'habitude et il est retombé loin derrière les 65 m. J'ai espéré qu'il soit retombé à plus de 70 m car, quand on est sur la piste, ce n'est pas comme à la télé ou dans les gradins, on n'a aucune idée précise de la distance. J'étais déjà littéralement fou d'être à peu près à

69-70 m, alors imaginez l'explosion quand 73 m est apparu sur le panneau d'affichage ! Ne restait plus qu'à valider ça sur le 1 500 m. On avait fait des séances spécifiques cette année pour que je puisse courir en 4'30" et mon entourage me disait que c'était gagné, que je pouvais même faire 4'50", que je n'avais qu'à me faire plaisir. Alors je suis parti dans l'idée de faire mes temps de passage pour 4'30". Mais comme j'étais allé chercher beaucoup trop loin au fond de moi depuis deux jours, l'acide lactique est monté après seulement 300 m. Il me restait trois tours ! Interminable ! Après 800 m, je me suis dit que j'avais à peine couru plus de la moitié et que je n'allais pas réussir à finir. Tous les 100 mètres, il y a une marque sur la piste. À chacune d'elles, je me faisais un peu plus dépasser par mes adversaires et je me disais de relancer. Mais je n'y arrivais pas. Jusqu'au bout. D'où ma fierté d'avoir fini. Dans un mélange d'euphorie et de frustration.

* * *

Ce décathlon à Tokyo m'a renvoyé à toute l'humilité qu'exige cette discipline. Vivre un décathlon, c'est fantastique. Mais le vivre avec une douleur au dos, c'est presque cauchemardesque. Me relancer après chaque épreuve m'a fait puiser si profondément en moi que je n'en suis pas encore totalement remis des semaines après. J'avais vécu de grande frustrations par le passé, comme avec mon zéro à l'Euro de Berlin en 2018, ou mon abandon à la perche alors que j'étais en tête des Mondiaux à Doha en 2019. Là, c'est une grande fierté d'avoir pu aller au bout. J'ai savouré ma médaille d'argent dès le soir même. Puis je suis rentré et j'ai profité de mes vacances. Aujourd'hui encore, avec le recul, je ne regrette absolument pas de ne pas avoir été champion olympique à Tokyo. J'ai fait plus que je pensais possible dans mon état. J'ai tout optimisé. Cette médaille est une victoire personnelle qui a beaucoup de valeur à mes yeux. Mais dire que cet argent vaut de l'or, même si je comprends le sens de la formule, serait un manque de respect pour Damian. Il a gagné l'or et le mérite totalement. Il ne faut pas être mauvais perdant. Damian a pulvérisé le record olympique en faisant plus de 9 000 points. Et même sans mon problème de dos, on peut tout dire sauf que c'était gagné d'avance.

Il faut savoir profiter de ce qu'on a. Mes concours de hauteur et de javelot justifient à eux seuls ma passion du décathlon. Cette médaille d'argent fait toute la richesse de mon expérience sportive. Si je n'étais pas capable de profiter de ça, il vaudrait mieux tout arrêter. Que j'aie pu totaliser 8 726 points dans ces conditions en a fait douter certains sur la réalité de mes problèmes. Pourtant, c'est la vérité. Je n'ai rien à prouver à personne, juste à moi-même, et ça me laisse espérer beaucoup de chose pour l'avenir. Ça me rend très impatient de retourner à l'entraînement. Mais si être champion olympique à Paris serait fantastique, il ne faut surtout pas que je me dise que c'est un besoin absolu. Quoi qu'il arrive à Paris ne me rendra pas plus ni moins heureux à plus long terme dans ma vie. Je suis déjà pleinement épanoui dans ma vie de sportif. Ça reste du sport. Trop s'attacher au résultat, c'est courir le risque d'être malheureux.

Il y a longtemps que je dis vouloir être le premier à faire de grands décathlons à plus de 30 ans. Damian en a 31 et il l'a fait avant moi. C'est la preuve que l'âge des sportifs évolue. Je dis souvent que je me blesse moins qu'avant. Ce qui s'est passé à Tokyo ne plaide pas vraiment pour que les gens me croient mais le fait est pourtant que mes plus gros soucis physiques, genou et tendon d'Achille, sont réglés. Et que se faire un lumbago peut arriver à tout le monde. Je suis donc optimiste pour la suite. Je n'ai vraiment pas l'impression de vieillir. Vieillir est un état d'esprit. Je continue à faire ce qu'il faut pour contrer la machine du temps. J'ai peut-être tort mais j'ai la conviction d'évoluer et non de vieillir. C'est à l'image du décathlon, un combat intime contre soi-même. Et aujourd'hui, je suis en paix avec moi-même.

ANNEXES

Kevin Mayer : Résultats & palmarès

SES DÉCATHLONS

2011

7 992 points, à Kladno (RTC), le 16 juin

2012

8 091 points, à Cannes, le 13 mai

8 415 points, à Bruxelles (BEL), le 1er juillet

7 952 points, à Londres (GBR) (J.O.), le 9 août

7 935 points, à Talence, le 16 septembre

2013

8 390 points, à Tallinn (EST), le 30 juin

8 446 points, à Moscou (RUS) (Ch. du monde), le 11 août

2014
8 323 points, à Ratingen (ALL), le 29 juin
8 521 points, à Zurich (SUI) (Ch. d'Europe), le 13 août

2015
8 469 points, à Arona (ESP), le 7 juin

2016
8 446 points, à Götzis (AUT), le 29 mai
8 834 points, à Rio (BRE) (J.O.), le 18 août

2017
8 768 points, à Londres (GBR) (Ch. du monde), le 12 août

2018
9 126 points, à Talence (Record du monde), le 16 septembre

2020
8 552 points, à Saint-Paul (Réunion), le 19 décembre

2021
8 726 points, à Tokyo (JAP), le 8 août, JO

Et aussi, chez les jeunes :

2009
6 478 points (octathlon), à Bresssanone (ITA) (Ch. monde cadets), le 9 juillet

2010
7 821 points (décathlon juniors), à Saint-Étienne, le 27 juin
7 928 points (décathlon juniors), à Moncton (CAN) (Ch. monde juniors), le 21 juillet

2011
8 124 points (décathlon juniors), à Tallinn (EST) (Ch. Europe juniors), le 24 juillet

PALMARÈS
Jeux Olympiques : 2e en 2016 et en 2021, 15e en 2012
Championnats du monde : 1er en 2017, 4e en 2013, abandon en 2019
Championnats d'Europe : 2e en 2014, abandon en 2012 et 2018
Championnats du monde juniors : 1er en 2010
Championnats d'Europe juniors : 1er en 2011
Championnats du monde cadets : 1er en 2009

SES HEPTATHLONS

2009

5 556 points (cadets), à Vittel, le 7 février

2010

5 668 points (juniors), à Bompas, le 7 mars

2011

5 872 points (juniors), à Aubière, le 23 janvier

2013

5 983 points, à Aubière, le 17 février

6 297 points, à Göteborg (SUE) (Ch. d'Europe en salle)

2017

6 479 points, à Belgrade (SER) (Ch. d'Europe en salle, Record d'Europe)

2018

6 348 points, à Birmingham (GBR) (Ch. du monde en salle)

PALMARÈS

Championnats du monde en salle : 1er en 2018

Championnats d'Europe en salle : 1er en 2017, 2e en 2013

Table des matières

Remerciements

Je souhaite remercier chacun de ceux qui ont participé, de près ou de loin, à la construction progressive de ce rêve, loin d'être achevé. Merci pour votre aide, votre conseil, vos paroles ou vos gestes.

Plus précisément, je souhaite remercier :

Ma famille

Mon père, ma mère, ma copine, mes frères,
mes grands-parents

Mon équipe

Jérôme Simian
Delphine Verheyden
Laurence Dacoury
Alexandre Bonacorsi
Bruno Vergnes
Thomas Mayer

Mes anciens entraîneurs

Bertrand Valcin
Xavier Berthet

Mes partenaires

NIKE

Infologic

Montblanc

FDJ Sport

La Région Occitanie

Ma famille du décathlon

Romain Barras

Florian Geffrouais

Gaël Querin

Bastien Auzeil

Antoinette Nana Djimou

Quentin Jammier

Jeremy Lelièvre

Aurélie Chaboudez

Benjamin Hougardy

Katarina Johnson-Thompson

Ruben Gado

Gaëtan Blouin

Jean-Yves Cochand

André Chabert et sa famille

Et bien évidemment, la FFA pour tout le soutien apporté depuis le début de ma carrière.

Crédits Photographiques

Aléxis Réau/L'Équipe : couverture, page 8 du deuxième cahier photo

Premier cahier photo
D.R.

Deuxième cahier photo
Pierre Teyssot/MaxPPP, page : 1 (haut)
Zou Zheng/Landov/MaxPPP, page : 1 (bas)
Alain Mounic/L'Équipe, pages : 2 (haut et bas), 3 (haut), 4 (bas), 5 (haut), 6 (haut et bas), 7 (haut)
Sébastien Boué/L'Équipe, pages : 3 (bas), 4 (haut), 5 (bas), 7 (bas)

Troisième cahier photo
Nicolas Luttiau/L'Équipe

Direction : Jean-Louis Hocq
Direction éditoriale : Jean-Philippe Bouchard
Éditeur junior : Maxime Lafon
Couverture : Thierry Sestier
Mise en pages : Nord Compo
Fabrication : Emmanuelle Laine

L'ÉQUIPE

Iconographie : François Gille

Édition : Laurence Gauthier
avec Jean-Christophe Bassignac

Pour plus d'information :

www.lisez.com

Imprimé sur du papier issu de forêts gérées durablement.

Achevé d'imprimer par
Normandie Roto Impression s.a.s.
61250 Lonrai
N° d'impression : 2400484

Imprimé en France